大足宝顶山的

身份转变与价值研究

DAZU BAODINGSHAN DE

SHENFEN ZHUANBIAN YU JIAZHI YANJIU

徐琪歆 著

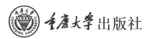

重庆大学出版社

图书在版编目(CIP)数据

大足宝顶山的身份转变与价值研究 / 徐琪歆著 .
重庆 : 重庆大学出版社, 2024. 11. -- ISBN 978-7
-5689-4720-6

Ⅰ. K879.274

中国国家版本馆 CIP 数据核字第 20247244NM 号

大足宝顶山的身份转变与价值研究
DAZU BAODINGSHAN DE SHENFEN ZHUANBIAN YU JIAZHI YANJIU

徐琪歆　著

责任编辑:黄菊香　　版式设计:席远航
责任校对:邹　忌　　责任印制:赵　晟

*

重庆大学出版社出版发行

出版人:陈晓阳

社址:重庆市沙坪坝区大学城西路 21 号

邮编:401331

电话:(023)88617190　88617185(中小学)

传真:(023)88617186　88617166

网址:http://www.cqup.com.cn

邮箱:fxk@cqup.com.cn(营销中心)

全国新华书店经销

印刷:重庆正文印务有限公司

*

开本:720mm×1020mm　1/16　印张:10.25　字数:136千
2024 年 11 月第 1 版　　2024 年 11 月第 1 次印刷
ISBN 978-7-5689-4720-6　定价:89.00 元

前言

　　"文化遗产",这个20世纪出现的新概念,对我们当下看待古迹的视角、保护利用的方式都产生了巨大的影响。文化遗产成为我们需要保护和传承的宝贵文化财富。它们既书写了我们的过去,也将影响我们的未来。因此,在意识到保护的必要性的那一刻,我们就需要更深入地研究和了解它们。

　　在漫长的岁月流逝与朝代更迭中,文化遗产并非自始至终一成不变地按照最初的方式被使用和传承,而可能经历了功能和价值认知的深刻变迁。这些在使用方式、认知观念、保存手段上的延续或改变,共同构筑了其作为文化遗产的丰富价值内涵。在保护实践越来越重视价值挖掘和解读的背景下,制定具体的保护方法与管理措施需要以大量的前期研究工作为依据,对遗产进行系统、全面的考察,旨在还原它们在各个社会历史阶段所扮演的角色,并进行分析,同时,需要将这些延续或改变与地方社会、文化、历史相结合,以期尽可能全方位、多角度地理解和发掘该文化遗产的各类价值。

　　作为西南地区重要的世界文化遗产,重庆大足石刻(宝顶山、北山、南山、石门山、石篆)于1999年被列入《世界遗产名录》。本书主要讨论宝顶山石刻,这处重要的石刻造像自宋代创建以来,经历了南宋、明清、近代、现代四个主要历史阶段。通过梳理宝顶山石刻在不同历史时期的身份特征,以及各身份转变背后的综合因素,我们能够更完整地感受宝顶山石刻的文化遗产价值,以及在此基础上反思它的保护和展示问题。同样,本书的框架结构设置也基于这一过程,其主要内容包括：首先，对本书课题的研究背景、研究意义、研究内容、国内外相关文献综述、研究现状及对研究方法、研究框架等进行说明；其次，简述宝顶山石刻各个历史阶段的状况，对宝顶山由最初的"密教道场"到明清"圣地"的演进过程进行详细介绍；最后，对其不同历史阶段的身份及其所含价值进行辨析，特别是从近代的"历史文物"到现代的"文化遗产"的转化过程，以及从"圣地"到"文化遗产"的过程中价值分离的现状，并从文化遗产的视角对其当下存在的"分裂"状态进行拟合与重整。本书依据"活态文化遗产"概念，结合物质与非物质两方面的思考，在"宗教遗产"概念下对宝顶山石刻进行认识和分析，以期为宝顶山石刻未来的保护、展示与阐释提供新的视角。

目　录

第一章 绪论

一、研究缘起

本书内容主要来自我的博士论文。而博士论文的写作得益于2013—2015年我参与中国文化遗产研究院在大足宝顶山的修复项目的经历。2013年6月，在完成硕士论文《布兰迪修复理论研究》之后，我有幸参与了由中国文化遗产研究院主持的"大足石刻千手观音石刻造像抢救性保护工程"项目。在具体的保护实践中，我有更多机会近距离接触千手观音造像及其所在的整体环境，由此也对千手观音造像的修复及其相关价值认识、保护理念等问题产生了进一步的思考。

时至2015年6月，千手观音造像修复完成并进行了盛大的开光大典，其以崭新的面貌重现于世人面前，引起了社会各界的广泛关注与热议。一批业内学者及文物爱好者认为重塑金身的千手观音（修复后的效果)抹杀了其岁月痕迹,令人难以接受。与此同时,另一部分学者、地方政府、当地百姓,以及广大的宗教信众却对千手观音造像的修复效果表达出肯定和认同的态度。两种截然不同的观点引起了有关千手观音修复的广泛讨论。

近年来,文物保护领域逐渐为大众所关注,进入公众视线且因保护问题引起广泛讨论的宗教文物也不止千手观音造像一处。例如,2013年西安兴教寺为保寺观而表示退出"丝绸之路联合申遗项目"的事件等。在兴教寺申遗事件中,相关专家、地方政府曾表示,为了更好地保护文物、参加联合申遗活动,兴教寺需要拆除近代新建的一些功能性建筑,如僧房、食堂,甚至上任住持的灵骨塔,等等。理由在于近代建造的功能性建筑在风格上与古代文物风格不统一。然而该决定遭到了僧众的坚决反对。为保护自身权益,兴教寺方宣布,如要拆除寺观内建筑,则退出联合申遗项目。该事件同样引起了舆论的广泛关注。最终经过讨论后,双方达成共识:对寺观建筑不做改变。而"丝绸之路"在寺观新建筑未拆除的情况下顺利申遗成功。这两件事看似不同,但不论是文物修复效果的问题还是文物使用者的权益问题,其实都是在宗教文物/文化遗产等活态遗产保护实践中遇到的代表性问题。这些事件反映的是我国的文物保护实践在面对不同类型文物时表现出的态度和方式的单一。而在回答如何解决保护问题之前,我们首先应该理清的关键问题是如何认识这类文物,它们如何传承至今,它们具体的价值构成是怎样的,以及与之有关的利益相关者有哪些,等等。

基于对上述现象的思考,再结合西南地区重要的文化遗产宝顶山石刻的案例,进行一项有关活态的宗教遗产的系统研究就具有一定的普遍意义。宝顶山石刻的历史研究、宗教艺术研究、文化研究等相关领域资料的收集和整理是首要工作。一方面,在整理的过程中,重新以文化遗产的眼光审视研究对象,以宝顶山石刻造像、碑文、历史文献等一手资料为基础,结合之前诸家学者研究成果,才能够尽可能揭示出宝顶山石刻在各个历史阶段的功能、演变,以及不同时代人们对它的认知情况。另一方面,在上述研究成果基础之上,进一步分析宝顶山石刻的身份转变,例如它于何时及如何成为一处宗教圣地,而此后又如何由宗教圣地演变为"文物",直至当下的世界文化遗产。宝顶山石刻在这些不同历史阶段呈现出来的身份特征实际上暗示了观看角度的变化,以及这些身份背后人们"将其视为何物"的认识观念的转变。因而,对于宝顶山石刻历史身份转变与价值的研究便成为理解其"活态遗产价值",及作为"宗教文化遗产"的基础和前提。

宝顶山石刻作为活态遗产的典型代表,对其进行的研究不仅是一项个案研究,其研究方法在此类项目中还具有普遍意义。在保护方法不断科学化、保护技术不断进步的当下,保护理念反而没有取得相应的进展,在某种程度上,技术的进步反而是危险的。因此,目前我们最为急迫的任务是将目光转向文化遗产本身,即文物保护修复的前期研究,以及在此基础之上进行的价值的辨析与梳理、保护理念与方法、展示与阐释等等。我们需要更多地对文化遗产历史身份的变化、延续与转变的过程,以及当下其物质性与非物质性之间的融合与统一作出更为深刻的解读。唯有如此,我们才有可能真正理解文化遗产的概念,用妥善的方法将文化遗产保护、延续、传承给下一代。

此外,千手观音造像修复后的外观所引发的大讨论也反映出许多问题。这里暂且不论争论双方的专业差异,值得注意的是,绝大部分人在评议修复后的千手观音造像时,均从外观所展现出的新旧视觉效果出发展开议论。这从侧面反映出人们对"年代价值"的接受。的确,外观是我们认识和理解文物价值最为直接的途径,正如阿洛伊斯·李格尔(Alois Riegl)所说,年代价值的判断是感性的,也不需要知识储备的前提。因此,这种直接的外观体验,再加上"修旧如旧"等含糊的宣传表述,促使人们将"新""旧"当作判断文物保护修复工作好坏或优劣的直接依据。但这里需要指出的是,具有活态性质的宗教文物的研究和保护工作不仅仅是一项"审美"工作。在文物的外观是否保留的背后,最为重要的工作应是对其价值进行判断与评价,并在此基础之上确立合理的保护或修复方法,甚至是文物所在环境的管控措施。

二、研究现状

(一)宝顶山石刻历史和宗教艺术的研究综述

从宏观的历史视野来看,大足宝顶山石刻自南宋开凿完成以来,经历明、清至今,其传承是较为持续的历史过程。但具体到各个历史阶段,它也经历过短暂"消失"的间隔期。其原因多是战乱或地方时局的变化。宝顶山石刻进入现代历史研究视野的时间是在20世纪40年代前后,宝顶山石刻的相关图片信息公开后,吸引了众多学者、艺术家的兴趣,各方向的研究成果十分丰富。

1945年,杨家骆一行专家对大足石刻进行了第一次科学考察,这也标志着宝顶山石刻研究工作的开始。时值大足欲修订县志,杨家骆等诸位专家在陈习删、郭鸿厚邀请下对大足境内几处石刻造像进行了考察,主要考察内容包括北山、南山、宝顶山、石门山、石篆山和妙高山。学界称此行为"乙酉考察"。这次考察工作包括:"测量其部位,摹绘其像饰,推拓其图文,鉴定其年代,考论其价值……"[1]"时不过七日,摄制电影片一部,拍摄照片200余帧,摹绘200余幅,拓碑100余通,编制北山佛湾、宝顶大佛湾石刻目录、部位图各两种,并鉴定其窟名、编定其窟号。北山佛湾编为255窟号,像约3664躯;宝顶区分为'二大区七十五段',明确可数之佛像,约1551躯,完整率79.2%,残毁不计者盖在万数以上。"[2]

[1] 陈尧天,陈典.民国重修大足县志(点校)[M].北京:大众文艺出版社,2008:17.

[2] 吴显齐.大足石刻考察团日记[M]//陈习删.民国重修大足县志,中国学典馆北泉分馆铅印本,1945:卷首.

实际上，在"乙酉考察"之前，考察团认为大足石刻"堪与云冈、龙门鼎足立"。这次考察将宝顶山石刻的基本情况介绍给国内诸学者，为之后各研究方向的开展奠定了基础。这次考察的成果汇集为"大足石刻图征初编"放在《民国重修大足县志》卷首，包括《大足石刻图征初编序》《大足石刻概论》《大足石刻古文考经校释》《从中国造像史观研究大足石刻》《大足石刻影片剧本》《大足石刻考察团日记》等等。这些文章曾在民国时期的报刊上发表过[1]。之后还有一些其他文章，如王仲博发表了《大足石刻参礼》[2]，李德芳发表了《记四川大足宝顶山唐宋石像》[3]，王恩洋发表了《大足石刻之艺术与佛教》[4]等，基本上都是对大足石刻作介绍和述评，这些文章多涉及宝顶山石刻。本来考察团成员还拟订了诸多研究和出版计划，因抗日战争胜利，人员星散，研究计划停滞。

1956年，陈习删在《文物》第5期发表题为《宝顶雕像年代问题》的文章，对宝顶山石刻研究初期的年代断定的不同观点进行了总结，认为宝顶山石刻建于宋代，但也存在后代增刻及补刻、改刻的情况。1956年底，中国美术家协会组织了以大足石刻为重点的四川古代雕刻考察团，其成员温庭宽在《文物》1958年第4期发表了《论大足宝顶石刻的一些特点》。文中提出"宝顶大佛湾的全部石刻，是赵智凤于宋代淳熙前后一手计划经营的"，且认为造像内容都属于密宗系统，对造像含义和艺术特点也进行了分析。1962年，朝花美术出版社出版了由四川美院雕塑系教授李巳生主编的大八开《大足石刻》画册，是第一本较完整的大足石刻图集。1980年，大足石刻试开放，1980年第1期《文

[1]　陈灼.大足石刻百年研究综述[M]//中国社会科学院世界宗教研究所.中国宗教研究年鉴(1999—2000年).北京:宗教文化出版社,2001.

[2]　王仲博.大足石刻参礼[J].旅行杂志,1946,20(7):16-23.

[3]　李德芳.记四川大足宝顶山唐宋石像[J].南方杂志(广州),1946,1(1):14-17.

[4]　王恩洋.大足石刻之艺术与佛教(上)[J].文教丛刊,1947,1(7):37-57.王恩洋.大足石刻之艺术与佛教(下)[J].文教丛刊,1947,1(8):29-36.

物》刊发了大足县文物保管所撰写的《大足北山和宝顶摩崖造像》。

宝顶山石刻的年代问题,是早期研究讨论的一个重点。除陈习删的文章外,李正心的《也谈宝顶山摩崖造像的年代问题》[1]提出"五证",认为宝顶山石刻应创立于初唐。东登的《再谈宝顶山摩崖造像的年代问题》[2]从宝顶山石刻保存的直接证据入手讨论宝顶山石刻年代,认为宝顶山石刻全为南宋时赵智凤所建。胡昭曦的《宝顶石刻浅论》[3]认为宝顶山不全为赵智凤所造。至于宝顶山石刻建造年代的下限问题,《大足宝顶山石刻造像下限年代考》通过史料中对元兵在四川境内的活动年代与石刻记载赵智凤的活动年代进行对照,认为宝顶山石刻的下限应在端平三年至嘉熙四年(1236—1240)之间[4]。关于宝顶山石刻突然中止的原因,近年也有学者提出不同的观点,除了认为宋末元兵入川导致宝顶山造像活动被迫停止的观点外,也有认为宋末官府对宗教结社的取缔是造成石刻建造终止的原因[5]。

1985年4月,刘长久、胡文和、李永翘编著的《大足石刻研究》由四川省社会科学院出版社出版。这本书将前人的研究成果进行了辑录、校注、整理,并第一次形成了较全面的大足石刻总录。陈典称赞该书"是这一时期的里程碑,也是促进研究大足石刻的动力,为今后研究大足石刻奠定了良好的基础"[6]。

20世纪80年代中后期以来,有关宝顶山石刻造像的研究方向更

[1]　李正心. 也谈宝顶山摩崖造像的年代问题[J].文物,1981(8):85.

[2]　东登. 再谈宝顶山摩崖造像的年代问题[J].文物,1983(5):90-91.

[3]　胡昭曦. 宝顶石刻浅论[M]//刘长久,胡文和,李永翘. 大足石刻研究.成都:四川省社会科学院出版社,1985.

[4]　陈灼. 大足宝顶山石刻造像下限年代考[J].四川文物,1990(6):44-45.

[5]　王玉冬. 半身形像与社会变迁[M]//中山大学艺术史研究中心. 艺术史研究·第6辑.广州:中山大学出版社,2004:5-70.

[6]　陈灼. 大足石刻百年研究综述[M]//中国社会科学院世界宗教研究所.中国宗教研究年鉴(1999—2000年).北京:宗教文化出版社,2001.

加丰富、研究文章发表数量与日俱增。其原因有二：一是1982年大足成立了大足石刻研究学会（1989年更名为大足石刻研究会），学会组织了一些考察和研讨会活动。二是大足石刻在国内多个城市举办了巡展，如1985年4月，大足石刻首先在北京中国美术馆展出"轰动京华"，年底在成都展出，后又在桂林、深圳、佛山、重庆相继展出。大足石刻受到的关注越来越多，促使参与研究的学者也相应增多了。1986年，《四川文物》第1期发表以"大足石刻"为主题专刊，共28篇文章，其中包括一些早期研究的再次发表，研究方向包括：历史研究、宗教研究、文物保护研究、艺术风格研究等等。其中与宝顶山石刻相关的文章不少于13篇。

1982年大足石刻研究学会成立后，历届年会成了发表大足石刻研究的重要平台。1986年4月、1992年9月、1995年9月、2000年11月、2004年10月、2016年11月共举办了7届研讨会。最近一次研讨会是2019年12月举办的"2019年大足学国际学术研讨会暨大足石刻列入《世界遗产名录》20周年纪念会"，参与学者众多，讨论主题也超出了大足地区的石刻范围。由于数量庞大、主题丰富，这里仅对宝顶山石刻的几个主要研究方向及研究情况进行整理。

宝顶山石刻的宗教性质，以及每组龛窟体现的宗教意象已成为宝顶山石刻研究中最多的部分。这个问题确实十分重要，它关系到我们应如何认识、理解宝顶山石刻，而其中讨论最多的是关于宝顶山石刻是否是密宗道场的问题。早期考察团学者普遍认为宝顶山石刻是密宗道场，如杨家骆先生在《大足宝顶区石刻记略》中写道："赵氏传柳本尊法，为宗喀巴前密宗大师，宝顶即其所经营之道场。在中国本部密宗道场之有大宗石刻者，亦唯此一处，……"陈习删在《大足石刻志略》中记载："关于宝顶为密教有系统的造像，为赵智凤一手经营有计划的造像，自石刻考察后，言者一致相同。"20世纪90年代后有学者认为宝顶山并非仅表现密宗思想。如李哲良《我观大足石刻》[1]中认为宝顶山"绝不是纯粹的、单一的密宗道场,而是以禅为特质的多元化的传统文化的历史画卷"。之后即有更多文章讨论宝顶山石刻中的禅宗思想、净土思想表现[2]。宋朗秋、陈明光《试论宝顶山石窟造像的特点》[3]提出宝顶山石窟是密教徒设计建造的曼陀罗。郭相颖《略谈宝顶山摩岩造像是完备而有特色的密宗道场》[4]《再谈宝顶山摩岩造像是密宗道场及研究断想》[5]从佛教义理一论再论宝顶山造像选材布局大类五组与密宗金刚界五部内容相合,论断宝顶山是完备而有特色的密宗道场。吕建福《中国密教史》[6]认为,宋代四川大足赵智凤所造金刚界曼陀罗及诸尊造像极不规范,说明赵智凤并未得密法传授,只是出于一种承续密法的心愿和志向而造像。邓之金考论,传法川西的柳本尊和建宝顶密宗道场的赵智凤分别为密宗的第六祖、第七祖。刘长久、胡文和、李永翘《大足石刻研究》[7]对各家观点进行了整理。而丁明夷《四川石窟杂识》[8]认为,赵智凤改革了瑜伽旧规才使宝顶山成为南宋的密宗中心。2004年、2006年、2014年侯冲在大足研究会年会相继发表的三篇文章《论大足宝顶为佛教水陆道场》《再论大足宝顶为佛教水

[1]　李哲良.我观大足石刻[J].重庆社会科学,1994(5):63-67.

[2]　张划.宝顶石窟与傅大士禅学关系初探[C]//兰州大学敦煌学研究所,麦积山石窟艺术研究所.麦积山石窟艺术文化论文集(下).兰州:兰州大学出版社,2002:412-430.李小强.试论净土信仰与大足石刻的关系[J].佛学研究,2004(1):244-251.

[3]　宋朗秋,陈明光.试论宝顶山石窟造像的特点[J].四川文物,1986(S1):42-45.

[4]　郭相颖.略谈宝顶山摩岩崖造像是完备而有特色的密宗道场[J].社会科学研究,1986(4):62-66.《四川文物》石刻研究专辑收录时删去了三分之一左右。

[5]　郭相颖.再谈宝顶山摩崖岩造像是密宗道场及研究断想[J].社会科学研究,1996(1):122-130.

[6]　吕建福.中国密教史[M].北京:中国社会科学出版社,1995.

[7]　刘长久,胡文和,李永翘.大足石刻研究[J].成都:四川省社会科学院出版社,1985.

[8]　丁明夷.四川石窟杂识[J].文物,1988(8):46-58.

陆道场》和《回归佛教仪式旧有时空：三论大足宝顶为佛教水陆道场》，以及《宋代的信仰性佛教及其特点：以大足宝顶山石刻的解读为中心》。侯冲认为宝顶山石刻的设计建造依据的是宋代瑜伽教道场仪，功能是水陆道场。

关于宝顶山石刻的设计者赵智凤生平的研究有两篇比较全面的文章：一篇是杨雄《赵智凤生平再考》，发表于《敦煌研究》2008年第4期，对宝顶山石刻中涉及赵智凤信息的内容进行了整理，对大佛湾部分题刻的先后关系进行了推测；另一篇是王天祥、李琦发表于《西南民族大学学报（人文社会科学版）》2008年第9期的《建构、转述与重释：赵智凤形象考释》，文章辨析了石窟造像中的鬈发人造像身份，作为重新诠释赵智凤形象的现代努力，文章梳理了赵智凤生平事迹，并就史料记载中赵智凤被表述为孝者、行者与尊者不同形象的原因进行了分析。

有学者深入每组龛窟进行研究，对石刻内容进行记录并讨论其反映的宗教、哲学思想。关于牧牛图的研究文章，如胡良学《大足石刻禅宗〈牧牛图〉管见》（《佛学研究》1997年第0期），宋朗秋《大足石刻〈牧牛图〉艺术的美与宗教义理的结合》（《雕塑》1998年第4期），赵辉志《大足石刻〈牧牛图〉考》（《佛学研究》2002年第0期）。关于柳本尊十炼图的研究文章，有胡文和《安岳、大足"柳本尊十炼图"题刻和宋立〈唐柳居士传〉碑的研究》（《四川文物》1991年第3期），陈明光、胡良学《四川摩岩造像"唐瑜伽部主总持王"柳本尊化道"十炼图"调查报告及探疑》（《佛学研究》1995年第0期），陈明光《四川摩岩造像柳本尊化道"十炼图"由来及年代探索》（《四川文物》1996年第1期）和《〈宋刻《唐柳本尊传碑》校补〉文中"天福"纪年的考察与辨正：兼大足、安岳石刻柳本尊"十炼图"题记"天福"年号的由来探疑》（《世界宗教研究》2004年第4期），等等。

　　已出版的重要著作有《大足石刻》(傅扬编.北京:朝花美术出版社,1957年),《大足石刻》(中国美术家协会四川石刻考察团编.北京:文物出版社,1959年),《大足石刻漫记》(李正心著.成都:四川人民出版社,1983年),《大足石刻内容总录》(四川省社会科学院等编.成都:四川省社会科学院出版社,1985年),《大足石刻铭文录》(重庆大足石刻艺术博物馆,重庆市社会科学院大足石刻艺术研究所编.重庆:重庆出版社,1999年),《大足石刻雕塑全集:宝顶石窟卷(上)》(郭相颖主编,陈明光编.重庆:重庆出版社,1999年),《大足石刻研究》(郭相颖著.重庆:重庆出版社,2000年),《大足石刻考古与研究》(陈明光著.重庆:重庆出版社,2001年),等等。值得一提的是,2019年,由重庆出版集团和大足石刻研究院联合编纂的《大足石刻全集》出版,该书编辑整理历时14年,最终形成11卷19册的体量,字数超过250万字,拓片、测绘图、摄影等图片达到1万幅。全集主要对5处石窟(宝顶山、北山、南山、石篆山、石门山)进行了系统的考古学研究,是目前最全面客观地记录这5处石窟的现存状况和历史遗存信息的重要资料。

　　国外的研究方面著作有:安吉拉·法尔科·霍沃(Angela Falco Howard,中文名何恩之)的论文 Tang Buddhist Sculpture of Sichuan: Unknown and Forgotten (*The Bulletin of the Museum of Far Eastern Antiquities*,1988)和著作 *Summit of treasures: Buddhist cave art of Dazu*, China(Trumbull, CT: Weatherhill,2001)。其中后者集中介绍、分析了宝顶山石刻造像,对宝顶山石刻柳赵信仰进行了分析,还对宝顶山石刻与安岳石刻的关系进行了分析。除此之外,Kucera K J的论文 Cliff Notes: Text and Image at Baodingshan(University of Kansas,2002),主要为对大佛湾北岩造像和对应的文字内容关系的研究。Kucera K J的著作 *Ritual and representation in Chinese Buddhism: Visualizing Enlightenment at Baodingshan from the 12th to 21st Centuries* (Amherst, NY: Cambria

Press，2016）和 Teiser S F 的著作 *Reinventing the wheel：Paintings of rebirth in medieval Buddhist temples*（Seattle，Washington D. C.：University of Washington Press，2006）则是有主体性地对中世纪寺庙中所出现的轮回图像进行的研究。

（二）宝顶山石刻文化遗产学及保护修复研究

大足石刻于 1961 年即被列入我国"第一批全国重点文物保护单位"，对它进行保护修复及相关研究也开展得比较早。《四川文物》1984年第 3 期马家郁的《大足宝顶山、北山摩岩造像第一、二期维修工程已竣工验收》提到第一、二期维修工程包括对宝顶山"截膝地狱"移位岩体的复原、加固，以及新辟参观入户梯道和拆砌原入口段陡坝。《四川文物》1986 年 S1 期曾中懋的《化学材料在大足石刻维修保护中的选择和应用》和《四川文物》1994 年第 2 期邓之金的《大足石刻维修工程四十年回顾》介绍了中华人民共和国成立后对大足地区的石刻进行保护、维护、维修等实践。20 世纪 90 年代后，宝顶山石刻的病害调研与文物保护研究与实践都增多了。鉴于石刻文物的材料特点，以及与周边地质环境的紧密关系，相关研究多围绕岩体及水环境的调查展开，如《宝顶山石窟岩体风化破坏的作用因素分析》《宝顶山石窟卧佛渗水病害形成原因分析》等。2008 年，大足石刻千手观音造像抢救性保护修复工程启动，这次项目虽是针对单尊造像的修复，但涉及的技术和工艺比较复杂，是我国对西南地区彩绘贴金大型石刻造像的一次重要的保护修复实践。2009 年王金华主编的《大足石刻保护》由文物出版社出版，这本书是对中华人民共和国成立后 50 多年间大足地区石刻保护情况的全面、系统的记录和研究。2013 年，"大足石刻千手观音造像抢救性保护修复"项目组将前期的调查研究及材料、修复效果试验等内容整理出版为《大足石刻千手观音造像抢救性保护工程前期研究》。

　　1999年,大足石刻入选"世界文化遗产名录"后,讨论大足石刻旅游开发现象、策略的文章相继而出。这一情况与当时全国范围的文化遗产旅游带动地方经济发展的政策相关。在此过程中,大足石刻管理机构也在与国家权威文物保护研究机构合作,开展大足石刻的科学保护与修复事宜。2002年后,大足石刻保护技术的研究文章多见诸刊物。而以"文化遗产"概念理解和认识大足石刻、宝顶山石刻价值的文章至2006年之后才零星出现,如王天祥《意义系统的生成与阐释:大足宝顶石窟造像分析》(《装饰》2006年第4期),郭璇、程辉、王谊《世界文化遗产大足石刻的价值再认识》(《城市与建筑》2013年第12期),以及祭雪松硕士论文《遗产功能与空间叙事:大足宝顶山石刻线路变迁研究》(四川美术学院,2015年)。

　　出版物有《大足石刻保护与研究文集》(童登金著.北京:文物出版社,2003年),《大足石刻保护》(王金华主编.北京:文物出版社,2009年),《大足石刻千手观音造像抢救性保护工程前期研究》(上、下)(大足石刻研究院,中国文化遗产研究院编.北京:文物出版社,2015年)。2020年,中国文化遗产研究院、大足石刻研究院编著的《大足石刻千手观音造像保护修复工程报告》正式出版,这也是对整个千手观音造像修复过程、重要资料的公布。

　　造像的出现离不开宗教信仰的传播。而宗教信仰活动是古代信众的重要精神生活内容,这一现象普遍存在于我国各地,因此产生了诸多"圣地"、各类"香会"。如民国时期就引起学者关注的北京妙峰山香会的研究[1],20世纪80年代末开始的泰山香会研究[2],以及之后的

[1]　关于妙峰山香会研究可参见:韩书瑞,周福岩,吴效群.北京妙峰山的进香之旅:宗教组织与圣地[J].民俗研究,2003(1):75-107.李海荣.北京妙峰山香会组织变迁研究[D].北京:首都师范大学,2005.

[2]　关于泰山香会的研究可参见:孟昭锋.明清时期泰山神灵变迁与进香地理研究[D].广州:暨南大学,2010.刘晓.泰山庙会研究[D].济南:山东大学,2013.

峨眉山香会研究等[1]。总体来说,关于各地香会的研究多从民俗学、人类学角度开展;内容上围绕香会所在地的信仰形成、变迁,进香的路线、具体形式,参与者和对地方社会的影响等方面展开。这些研究应是与"香会节"相关非物质文化遗产的认识和保护的重要依据。

2004年,中国加入《保护非物质文化遗产公约》,宝顶山香会节引起了地方研究者的注意。2005年,李传授、张划、宋朗秋著《大足宝顶香会》一书由文联出版社出版。《大足宝顶香会》一书的内容十分丰富,涉及了香会节产生的原因,香会的架香团队,香会庙内佛事活动,宝顶香会的商贸活动、游乐活动,以及与香会有关的传说故事。这本书呈现了宝顶香会的基本面貌,也是目前为止研究宝顶山香会的唯一著作,对香会节的保护和开发发挥了重要作用。2006年起,大足区旅游局与大足区民宗办开始组织宝顶香会节的相关活动。2009年,宝顶香会入选重庆市第二批市级非物质文化遗产目录,宝顶香会节演变成大足宝顶香会民俗文化节。2013年,宝顶香会节与大足石刻国际旅游节合并,召开"大足石刻国际旅游节暨宝顶香会"。2014年,宝顶架香庙会(简称"宝顶香会")入选第四批国家级非物质文化遗产保护目录。

我们可以看出有关宝顶香会的研究相对宝顶山石刻来说比较初步。关于香会节最早出现的年代、原因等问题,《大足宝顶香会》中作出了初步讨论,但一些说法并没有进一步考证,关于宝顶香会出现原因的整理也比较简单,还有许多工作需要深入开展。

(三)文化遗产价值、宗教文化遗产研究

1972年《保护世界文化和自然遗产公约》通过,在此之前,欧洲对文化遗产价值的讨论就一直在进行。最具代表性的即维欧勒·勒·杜克(Viollet-le-Duc)、约翰·拉斯金(John Ruskin)、切萨莱·布兰迪(Cesare

---

[1]　关于峨眉山香会研究可参见:范志容.峨眉山香会研究[D].西宁:青海师范大学,
　　　2011.

Brandi)的三种不同的遗产价值认识方式和保护观点。李格尔的文章
The Modern Cult of Monuments : Its Character and Its Origin(常翻译成
《纪念物的现代崇拜：其特点和起源》)中对"纪念物"的分析和对历史
价值的分析对认识文化遗产价值极具启发性。尤嘎·尤基莱托(Jukka
Jokilehto)著《建筑保护史》(*A History of Architectural Conservation*),是
一部讲述文化遗产的保护和研究历史的重要著作。德瑞克·吉尔曼
(Derek Gillman)所著的《文化遗产的观念》(*The Idea of Cultural
Heritage*),认为文化遗产的价值具有被建构的性质。萨尔瓦多·穆尼
奥 斯 · 比 尼 亚 斯 (Salvador Muñoz Viñas) 著《当 代 保 护 理 论》
(*Contemporary Theory of Conservation*)中,也对保护对象进行了专门
的讨论。

在国内方面：1997年,吕舟的《文物建筑的价值及其保护》(《科学
决策》1997年第4期)指出文物保护法保护的价值类型的不足之处。
2006年,李军的《文化遗产保护与修复：理论模式的比较研究》(《文艺
研究》2006年第2期)对文化遗产的特殊性与普遍性问题进行了分析。
2008年,李军的《活的"文化"与死的"遗产"》(《中国非物质文化遗产·
民间剪纸国际学术研讨会论文集》,2004年)讨论了遗产价值的存在对
于我们认识文化遗产的影响。2009年,吕舟的《论遗产的价值取向与
遗产保护》(《城市与区域规划研究》2009年第1期)指出文化遗产的价
值认知方向已经从历史价值转向文化价值。2012年,吕舟的《基于价
值认识的世界遗产事业发展趋势》(《中国文物报》,2012年2月10日)
进一步分析了文化遗产价值体系的转变、新的遗产类型的出现及其深
层原因,指出"文化价值和社会价值在90年代以后被普遍接受……它
反映了社会的发展导致了价值观的变化,这种价值观的变化又促进了
对文化遗产评价标准的发展和对遗产类型的再认识"。2016年,刘艳、
段清波的《文化遗产价值体系研究》[《西北大学学报(哲学社会科学
版)》2016年第1期]讨论了文化遗产类型的多样性、要素的有机性、系

统的层次性、发展的阶段性、主体的差异性及利用的公平性等多重特点。2006年,东南大学吴美萍的硕士论文《文化遗产的价值评估研究》[1]提出了借鉴模糊数学理论的评估方法和边际机会成本法对文化遗产的价值构成要素进行评估。2013年清华大学丛桂芹的博士论文《价值建构与阐释:基于传播理念的文化遗产保护》[2]整理了我国文化遗产价值认识的转变过程,同时强调了文化遗产价值传递与遗产阐释的重要性。

关于宗教遗产的讨论:2003年,国际文物保护与修复研究中心(ICCROM)在罗马召开"活态宗教遗产:保护神圣"(Living Religious Heritage:Conserving the Sacred)研讨会,并出版同名论文集。2008年,国际古迹遗址理事会(ICOMOS)以"宗教遗产和圣地"(Religious Heritage and the Sacred Places)作为当年"国际古迹遗址日"的主题,提醒人们关注宗教遗产。2008年,中国国际古迹遗址理事会也以同主题组织了一些活动。

中国是有多种宗教信仰的国家,分别就某一宗教的文化研究或相关文物的艺术、功能研究都十分丰富。但是在文化遗产的概念下讨论"宗教遗产"的研究文章是在西方提出相应概念后才逐渐出现的。例如:2003年,袁志鸿的《京都道教文化遗产的保护、经营和管理》[《北京联合大学学报(自然科学版)》2003年第1期],刘翠的《试论宗教文化与中国旅游》[《清华大学学报(哲学社会科学版)》2003年第18卷第6期];2006年,庞俊的《对中国当前宗教类世界遗产保护与旅游的思考》(《2006年文化遗产保护与旅游发展国际研讨会论文集》);2007年,杨文棋的《略谈"国保"、"国遗"中的宗教文化遗产》(《绥化学院学报》2007年第2期)对我国的国保单位和世界文化遗产名录中的宗教文化遗产进行了整理与分类;2009年,黄细嘉、陈志军的《宗教旅游的多维

[1] 吴美萍.文化遗产的价值评估研究[D].南京:东南大学,2006.

[2] 丛桂芹.价值构建与阐释:基于传播理念的文化遗产保护[D].北京:清华大学,2013.

价值及开发利用研究》(《宗教学研究》2009年第1期),陈炜、杨曼华的《宗教非物质文化遗产在和谐社会构建中的积极作用》(《广西青年干部学院学报》2009年第4期);2010年,樱井龍彦、陈爱国的《应如何思考民间信仰与文化遗产的关系》(《文化遗产》2010年第2期)提出了文化遗产概念下民间信仰的处境和问题,并进行了分析。除此之外,更多的文章是对具体的宗教文化遗产案例进行分析和介绍。例如:2011年,张建忠、孙根年的《基于文化意象视角的宗教遗产地旅游文化内涵挖掘:以五台山为例》(《中国地理学会2011年学术年会论文集》),陈辰的《基于利益相关者的佛教遗产旅游开发探讨:以南京市佛教遗产为例》[《东南大学学报(哲学社会科学版)》2011年第S2期],何翔彬的《宗教建筑文化遗产的价值与保护刍议:九华山风景区佛教建筑保护管理及文化内涵发掘探析》(《中国文物科学研究》2011年第1期),陈炜、陈能幸的《旅游开发对宗教文化遗产保护的影响》(《五台山研究》2011年第3期),谢屹的《太白山宗教文化遗产保护对策研究》(《陕西林业》2011年第B08期);2012年,吴双的《宗教类非物质文化遗产的传承与发展:以贵州省凯里市季刀上寨为例》(《湖南工业职业技术学院学报》2012年第2期),徐义强的《仪式、象征与宗教艺术遗产:红河哈尼族叫魂仪式的人类学考察》(《民族艺术研究》2012年第5期),彭兆荣的《我国文化遗产体系的生成养育制度:以三个文化遗产地为例》[《厦门大学学报(哲学社会科学版)》2013年第2期];2013年,杨靖筠、于洪的《门头沟区宗教文化遗产的保护与利用》[《北京联合大学学报(人文社会科学版)》2013年第2期];2014年,涂琼华的《中国宗教型遗产地旅游开发的商业化问题研究》(首都师范大学硕士学位论文,2014年),余小洪的《高原圣域拉卜楞地区宗教遗产》(《大众考古》2014年第5期),方程的《城市宗教文化遗产活化与地方认同构建》(《新疆社会科学》2014年第6期),邓玲珍的《我国佛教文化遗产旅游开发初期利益相关者的利益诉求与协调路径研究》(西北大学硕士学位论文,2014

年），刘军民、郑建栋的《村落型宗教建筑遗产保护的现状、问题及对策研究：以"韩城四庙"为例》[《西北大学学报（自然科学版）》2014年第6期]，刘洪彩、汪彦君、张小娟文《佛教艺术遗产与当代文化产业：河北省佛教文化遗产保护与合理利用策略研究》[《北方美术》（天津美术学院学报）2014年第1期]，侯俊娜、戴平娟文《少林寺宗教文化原真性保护探讨》（《市场论坛》2014年第9期）；等等。

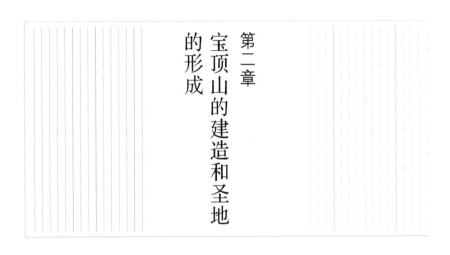

第二章
宝顶山的建造和圣地
的形成

　　位于中国西南地区的大足石刻一直被认为是颇具中国本土特色的佛教造像群。在《世界遗产名录》中的大足石刻，主要指宝顶山、北山、南山、石门山、石篆山"五山"的石刻。但随着近年来考察和研究工作的进一步开展，分布在大足地区各处的、越来越多的石刻被整理、记录下来，大足石刻呈现出更加丰富的面貌。大足石刻中年代最久远的造像可以追溯到唐代，那里的造像活动一直延续到明清时期。而在这分布广泛的石刻造像群中，最具特色的是宝顶山石刻。其特色不仅体现在艺术风格及造像内容上，还体现在它的组织和资助方式上，这些方面均显著区别于其他大型石刻。历史上的石窟造像活动或是由诸多供养人、经历多个朝代逐渐形成规模的，或是由皇族贵胄出资供养的。而根据学者们的研究，宝顶山石刻主体部分的设计和造像活动被认为是由一位主要人物主持、规划,经南宋一朝完成的。这也使宝顶山石刻形成了统一的风格和错落有致的布局。而其初期建造活动如何开展、造像风格的来源,以及建造目的和使用方式等,吸引了诸多学者探究。

在大足地区流传着"上朝峨眉、下朝宝顶"的说法,作为西南地区重要的佛教圣地之一,宝顶山精美绝伦的石刻造像也使这里成为信众们朝山进香的目的地之一。经过岁月的洗礼后,在大多数石刻造像都已远离原本的宗教功能成为历史文物的情况下,宝顶山石刻仍然具有一定活态遗产的特点。一方面,长期管理和使用宝顶山石刻的寺庙圣寿寺,依然发挥着其原本的宗教功能。宝顶山对附近的信众们依然具有吸引力,每年的观音诞辰,这里仍会活跃着传承百年的民间信仰活动。宝顶山石刻的影响力成就了这里几百年的传统和绵延不断的香火。然而原本息息相关的寺庙、石刻、民俗活动,在如今的石刻保护方式下,却显出一丝矛盾和尴尬。这便引出一系列的问题:我们究竟应该如何看待宝顶山石刻造像,是作为脱离了原有认知系统的文物古迹,还是作为具有非物质价值的活态文化遗产?宝顶山石刻的利益相关者由哪些人构成?宗教、民俗活动是否会对宝顶山石刻的保护造成不良影响?等等。了解宝顶山石刻保护现状的成因,以及尝试对上述问题进行回答,有利于我们更全面、深入地理解宝顶山石刻的价值内涵,帮助我们理清该如何更好、更真实、更完整地保护这处世界文化遗产的思路。而不论是何种研究,我们都需要回归研究对象本身寻找答案。因此,重新梳理宝顶山石刻在历史中的创建和演变是需要优先解决的基础研究。历经数百年,人们对宝顶山的普遍认知并非一成不变,而随着对其身份认知的变化,其使用方式、价值判断方式和传承方式也随之而变。

第一节　宝顶山的初建

　　宝顶山石刻,位于中国重庆市大足区东北约15千米的宝顶山中(图2-1)。这是一处十分特殊的石刻造像群。虽是民间筹资建造的,但它经过系统的规划、设计,形成了一个组织完备的整体。宝顶山石刻素有"剽云技巧欢群目"的美誉,石刻造像刻画得圆润、端庄,众生形象神形兼备,其艺术成就不输官方资助的造像,从而被认为是中国唐代以后最重要、艺术成就最高的石刻造像群。宝顶山除极少的几处后世刻龛以外,基本都是在南宋末期持续建造而成的。

图2-1　宝顶山石刻(A)与大足区中心(B)的位置关系

一、南宋的宗教环境

靖康元年(1126年),金军攻破开封,皇帝被俘,大宋王朝遭受重创。建炎元年(1127年)北宋正式灭亡,赵氏狼狈南下至应天府(今河南商丘),建炎三年(1129年)再度南下至临安,约10年后正式定都临安府(今浙江杭州)。南宋王朝的建立虽是被动、妥协的结果,但从地域文化方面看来,皇室南下在一定程度上促进了南方城市经济的迅速发展,同时带来了丰富、成熟的艺术文化。

一方面,两宋时期宽松的文化经济环境加快了佛教世俗化的进程。另一方面,南宋政府对佛道教特别是民间宗教活动管理十分严格。受两宋之交战火的摧残,南北方的寺观受到了较大的冲击,至南宋初期,许多寺观或被毁,或遭废弃。据记载"今天下兵革未息,盗寇蜂起。凡通都会邑、名山奥区,所谓大禅刹者,焚爇摧毁,盖不可胜计。其间经藏金碧相辉化为灰烬瓦砾之场者多矣"(《汀州南安岩均庆禅院转轮藏记》)[1]。南宋政府对于尚存的合法寺观进行统计,称为"系账"。而对新建寺观却进行了严格的控制,除皇帝外,任何人若要创建寺观,必须获得"许可证"——"敕额"。无"敕额"、擅自建造寺观皆为违法。另一方面,自北宋后期以降,民间一些所谓"吃菜事魔"的秘密宗教活动十分活跃。有些组织颇具规模、性质复杂,更有甚者引发了民众暴动,严重扰乱了民间的社会秩序。南宋初期,也有通过民间秘密宗教团体活动反抗南宋政府的例子,政府自然也对这类活动进行了严酷的镇压。南宋文学家周紫芝[2]的诗《魔军行》记录下了当时镇压秘密宗教的惨况:"五岭南来山最多,驱军日涉千坡陁。山中食菜不食肉,十室九家俱事魔。县官给钱捕魔鬼,八万魔军同日起。将军新破

[1]　李纲.李纲全集:卷一百三十三[M].王瑞明,点校.长沙:岳麓书社,2004:1284.

[2]　周紫芝(1082—1155年),字少隐,号竹坡居士,宣城(今安徽宣城市)人,曾任枢密院编修官、右司员外郎,南宋文学家。

强虏回,马前班剑如流水。生斩妖精拔羽幢,传首天庭藁街死。当时平田作战场,至今遗骸无人藏。旧居虽在人不见,破屋萧萧围短墙。"

南宋政府虽较多地沿用了唐和北宋的宗教管理制度,但也对管理佛道事务的机构进行了一些调整。"中央由太常寺主要负责宗教事务,地方上僧道事务由各府州军监长官负责,其下设有僧正司、道正司,并设置与之相应的各级僧官、道官。"[1]其次,宋朝南渡后,无论农业还是经济都得到了一定的发展,对劳动力的需求也不断增加。因此,南宋初期政府对僧人数量的控制力度比较大。僧人出家需要获得官方颁发的度牒才能算得到合法身份。度牒的发放一般有两种渠道:一是降赐;二是鬻卖。降赐又包括拨赐和试经两类。拨赐就是皇帝施恩赐予一些有特殊贡献或身份者;试经则是专为童子、行者获取僧道资格而举行的考试。这两种方式都具有一定的难度或门槛,因此发放数量相对较少。鬻卖度牒虽然对补给财政有一定的作用,但若数量把控不严格,必然会带来负面影响。随着出家人数的增加,劳动力大量流失,政府面临更大的难题。因此,宋高宗极大缩减了度牒的发放数量。绍兴六年(1136年)十月,宋高宗诏文"新法绫纸度牒,除抚给使用外,其余今后更不给降。应童行试经并权住三年,仍自今年为始。其已前年分未给之数,亦令住给"[2]。绍兴十二年(1142年),宋高宗又进一步采取措施,"朕观人主欲消除释、老二教,或毁其像,或废其徒,皆不适中,往往而炽。今不放度牒,可以渐消,而吾道胜矣"[3]。即南宋政府从减少发放、鬻卖度牒数量,到绍兴十三年(1143年)开始暂停发放和鬻卖度

---

[1]　何艳红.南宋文化政策研究[D].青岛:青岛大学,2011.

[2]　徐松.宋会要辑稿:道释一[M/OL].[2023-06-30].中华典藏网.

[3]　李心传.建炎以来系年要录:卷一百四十五[M/OL].[2023-06-30].中国哲学书电子化计划.

牒长达 11 年之久[1]。经过宋高宗的一系列严厉措施控制,僧道的数量得到了极大的控制。绍兴二十七年(1157 年)根据礼部的统计,当时全国"有僧二十万、道士才万人"[2]。至绍兴三十一年(1161 年),由于军费开支剧增,政府为补贴财政再次开始鬻卖度牒。在之后的 10 年中,僧道数量又急剧增长。[3]

然而,或是出于强化皇权等政治目的,两宋皇室对道教却极力推崇。如,诏告天下,宋氏祖先名为"赵玄朗",乃"九位人皇之一","冠服如元始天尊",并赐封尊号"九天司命上卿保生天尊""东岳司命上卿祐圣真君""圣祖上灵高道九天司命保生天尊大帝"等等。宋徽宗更是"尊道抑佛"政策的代表,他除自号"教主道君皇帝"外,并下诏"道士序位,令在僧上,女冠在尼上",实行大建神霄玉清万寿宫,提出改寺为观、改佛为仙等举措。虽然这些极端政策实施时间不长,但是极大地提升了道教的地位,预示了道教宗教地位的上升。南宋政府对北宋的这些宗教政策进行了反思,"尊道抑佛"的政策和局面得到了转变。宋高宗先后下诏恢复僧寺和废止《政和海行条》中道士、女冠序位在僧尼之上的规定,最终确定了"僧左道右"的序位,佛教的地位得到了提高。

宋高宗不仅改变了"尊道抑佛"的宗教政策,还非常重视佛道之间的平衡。他采纳了宰相李纲关于宗教政策的建议:平衡佛道势力"不使其大盛";治理天下"以儒为主,道释为辅"。在宋孝宗统治时期,佛道教又有了相对缓和的生存、发展环境。不同于宋高宗务实的宗教态度,宋孝宗在重视儒家思想的同时,对佛道教都有着极大的兴趣。在治国上,宋孝宗认为佛道只要不干预政治,便是无害于国家的。他专

---

[1]　杨倩描.南宋宗教史[M].北京:人民出版社,2008:25-26.可参考"两宋度牒出卖情况简表"。

[2]　李心传.建炎以来系年要录:卷一百七十七[M/OL].[2023-06-30].中国哲学书电子化计划.

[3]　佚名.皇宋中兴两朝圣政辑校[M].孔学,辑校.北京:中华书局,2019:1022.

门撰写文章《原道辩》(后改题为《三教论》),对唐代韩愈毁佛的极端态度进行了批判,文中也点明了自己对三教关系的态度和观点,即应"以佛修心、以道养生、以儒治世"。在个人信仰上,宋孝宗对佛教更为虔诚,尤其对观音信仰颇感兴趣。这与当时观音信仰在整个宋代的兴盛不无关系。他与当时的多位高僧都有接触,如宗杲、德光、慧远等等。他们的宗教思想对宋孝宗,以致当时的社会信仰都会产生一定的影响。

随着南宋宗教政策的逐渐宽松,以及关于佛道儒三教关系的讨论,佛教的世俗化程度不断提高、民间修行形式也趋于多样化。至宋孝宗后,积蓄已久的宗教力量得以释放,促进了南宋宗教和宗教艺术的进一步发展。正是这样的社会环境,为宝顶山石刻的设计、建造准备了充分的条件基础。

二、宝顶建造者

根据宝顶山保存的石碑记载,这处举世罕见的宗教石刻造像群是由一位名为赵智凤的出家人建造的。石刻建造者的身份信息在建成后的材料中越来越详细和丰富。这些材料中既有早期碑文记录的信息,也有后世眼光的阐释,甚至出现了一些演绎的内容。作为石刻的建造者,赵智凤的生平、轶事在今天已经被讨论得很多,也被添加了许多神秘色彩。为了更清晰、真实地了解南宋时期宝顶山石刻建造的情况,这里仅依据南宋时期对赵智凤其人的记载来分析。目前所知南宋时期对赵智凤的记载十分有限,内容也较简单,主要有以下几条:

①宝顶大佛湾(图2-2)华严三圣龛下宇文屺《诗碑并序》书记载:"剷云技巧欢群目/含贝周遭见化城/大孝不移神所与/笙钟麟甲四时鸣/宝顶(赵智凤)刻石追孝/心可取焉/以成绝句/立诸山阿/笙钟麟甲事见坡诗谓为神朳阿护之意也/ 朝散郎知昌州军州事兼管内劝农事□□二江宇文屺□书/位一尊伏愿宗风永扇香火兴隆上报　癸未二月一日性聪书。"

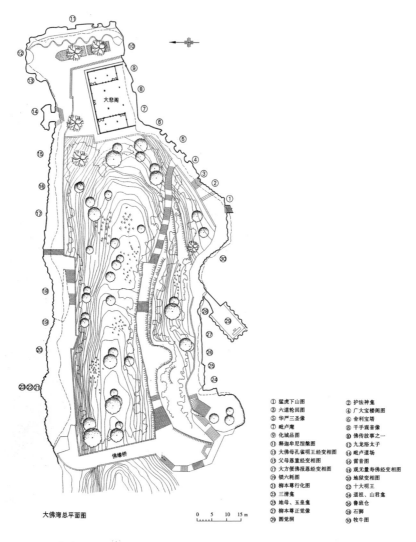

图 2-2　大佛湾平面图[1]

① 猛虎下山图　　　② 护法神龛
③ 六道轮回图　　　④ 广大宝楼阁图
⑤ 华严三圣像　　　⑥ 舍利宝塔
⑦ 毗卢庵　　　　　⑧ 千手观音像
⑨ 化城品图　　　　⑩ 佛传故事之一
⑪ 释迦牟尼涅槃图　⑫ 九龙浴太子
⑬ 大佛母孔雀明王经变相图　⑭ 毗卢道场
⑭ 父母恩重经变相图　⑯ 雷音图
⑰ 大方便佛报恩经变相图　⑱ 观无量寿佛经变相图
⑲ 锁六耗图　　　　⑳ 地狱变相图
㉑ 柳本尊行化图　　㉒ 十大明王
㉓ 三清龛　　　　　㉔ 道祖、山君龛
㉕ 地母、玉皇龛　　㉖ 鲁班仓
㉗ 柳本尊正觉像　　㉘ 石狮
㉙ 圆觉洞　　　　　㉚ 牧牛图

大佛湾总平面图

　　②南宋王象之《舆地纪胜》卷一六一"昌州"条记载："宝峰山/在大足县东三十里/有龛岩/道者赵智凤修行之所。"

　　③乾隆《大足县志》卷九"隐逸·仙释"转载张澍记录的南宋嘉熙年间（1237—1240年）席存著铭刻残文："宋赵本尊名智凤，绍兴庚辰年

[1]　该图片引自李先逵,等.大足石刻与古建筑群[M].重庆:重庆大学出版社,2015:72.

生于米粮之沙溪。五岁入山,持念经咒十有六年。西往弥牟,复回山,修建本尊殿,传授柳本尊法旨,遂名其山曰宝鼎。舍耳炼顶报亲,散施符法救民。尝垂戒曰'热铁轮里翻筋斗,猛火炉里中倒悬'。嘉熙年间,承直郎知昌州军事判官席存著为之铭。"

根据上面列出的三条文本信息,我们可以了解到南宋时期关于赵智凤和宝顶山石刻建造情况的信息包括:

①赵智凤的出生信息:绍兴庚辰年(即绍兴三十年,公元1160年),赵智凤出生于米粮乡的沙溪。

②赵智凤的生平事迹有:5岁出家,16岁去弥牟;修行结束后,赵智凤修建本尊殿,将其所在的山定名为宝顶(鼎)山,他还曾舍耳炼顶报亲、散施符法救民。

③赵智凤在宝顶山兴建石刻造像的原因:刻石追孝,传播柳本尊法旨,将宝顶山作为他的修行之所。

④赵智凤的影响力:所经营的宝顶山得到了地方政治首领的认可和一定程度的支持。

根据石刻内容记载,学者们普遍认为赵智凤的生卒年可以基本确定为出生于绍兴三十年,卒于1237—1240年,即张澍记载席存著铭文的时间"嘉熙年间"。因席存著铭文中明确提到"为之铭"三字,所以学者们认为这是为纪念赵智凤离世所作的墓志铭[1]。根据这些信息,我们可以推测赵智凤的主要活动时间为16岁至席存著铭文的这段时间,即淳熙三年至嘉熙年间(1176年至1237年前后),也就在南宋孝宗、光宗、宁宗、理宗的统治期内[2]。由于赵智凤年16岁西往弥牟后,便"回山"建造本尊殿、传播柳本尊法旨。因此,赵智凤学习、游历和建造宝顶山的计划基本上是在宋孝宗统治期间开始和形成的,当时的宗教政策和社会环境对赵智凤建造宝顶山石刻的动机及实践的可能性

---

[1]　杨雄.赵智凤生平再考[J].敦煌研究,2008(4):33-35.

[2]　时间为1162年至1264年。

都具有直接影响。

如上所述,宋孝宗关于儒释道关系的解读和态度的转变对南宋佛道教的再度兴盛起到了很大的作用。宋高宗统治时期,为了保证劳动力、抑制出家人数量,实施了停发度牒的措施,同时实行的免丁税也对僧道的生活造成了巨大的负担和压力。在宋高宗时期各种宗教政策的压抑下,僧道人数显著下降,至绍兴二十七年,全国"有僧二十万,道士才万人"。由于金军南侵,南宋政府军费大增,才从绍兴三十一年恢复度牒制度。至乾道五年(1169年),南宋政府一共卖出了12万道度牒,而乾道四年(1168年)至淳熙元年(1174年),拨给四川总领所用的度牒就多达11 000道。[1]宋孝宗继位后表现出了完全不同的宗教态度。宋孝宗对佛道都抱有浓厚的兴趣,他认为"儒释道三教的主旨是相近的,只是形式不相同"[2]。宋孝宗提出"以佛修心,以道养生,以儒治世,斯可也。其唯圣人为能同之,不可不论也"(《原道辩》)。在宋孝宗这一观念影响之下,乾道元年(1165年)又对僧道免丁税的要求进行调整,宣布"僧道年六十以上并笃废残疾之人,并比附民丁放纳丁钱,自乾道元年为始。仍令州县出榜晓谕"[3]。所以,乾道元年,5岁的赵智凤在逐渐宽松的宗教政策鼓励下,被送入山"持念经咒",也极有可能顺利获取了合法身份的证明"度牒"。当然,赵智凤也有可能没有"度牒",而是以居士的身份进行修行和传播教旨的。这在居士佛教盛行的南宋时期也并非异类。总之,在宋孝宗统治期间,宽松的宗教环境使赵智凤得以顺利地传播自己(柳本尊)的宗教思想,设计并建造了本尊殿。

那么幼年赵智凤出家的寺庙与宝顶山有何关系呢? 首先,在关于赵智凤生平的席存著铭文中反复出现某座"山",行文中使用了"入"

[1] 杨倩描.南宋宗教史[M].北京:人民出版社,2008:37.

[2] 杨倩描.南宋宗教史[M].北京:人民出版社,2008:35.

[3] 徐松.宋会要辑稿:食货一二[M].北京:中华书局,1957:5015.

"复回""名其山"等动词,那么我们应该可以推导这个"山"应该是同一场所,而这座"山"应该就是宝顶山。除了从文字上推导,我们还可以从南宋的寺观管理方式中获取一些证据。如前文中提到的,为了控制宗教势力,宋朝沿用唐制,规定除皇帝外,不准任何人以个人名义擅自创建寺观祠庙。宋人若要创建寺观祠庙,必须获得"敕额",即皇帝赐予寺观祠庙的名额。元人郑元祐在《侨吴集》中有提到"宋法,非敕额不敢造寺"。在《庆元条法事类》中也载有对非法造寺的处置办法:"徒二年。旧有而辄加名号者,各减五等。以上未造置者,各减二等,止坐为首人。"在整个宋代历史中,唯有一次对民间无名寺宇大量赐额的情况。宋神宗为了实现宋英宗临终遗愿,一次性"赐三十间以上无名寺观以'寿圣'为额者二千三百余所"[1]。但南宋未出现过此种情况。所以,赵智凤作为个人,是没有资格,也没有能力创建寺庙的。且在赵智凤生平事迹的记述中也未提及其建造圣寿寺,仅提及"修建本尊殿"。赵智凤的生平活动紧紧围绕此山展开,正是因为山中建有寺观,所以最大的可能性为在赵智凤年少时这里已经有了合法的寺观,那么应该就是圣寿寺,或者说圣寿寺的前身。但是圣寿寺是否建于北宋,或是更早的时候,就没有足够的证据来进行判断了。而赵智凤回到"山"中之前,这座山还不叫宝顶山,也没有开凿大小佛湾。即赵智凤在圣寿寺旁开凿造像,并以其宣扬的佛法义理来为此山命名。他的一系列活动在当时就已经形成了较大的影响。

朝散郎宇文屺、承直郎昌州军事判官席存著,都是当时活跃于昌州地区的高级官员。他们在宝顶山的题诗刻字,可以从侧面反映出官方对宝顶山石刻造像活动的认可态度。

宇文屺、席存著在大佛湾留下的较长的文字内容和明确的日期,是非常珍贵、可靠的历史信息。但实际上,除了这两人,南宋时期也有

---

[1] 苏颂.苏魏公文集:卷一七[M/OL].[2023-06-30].中国哲学书电子化计划.

其他地方名人在这里留下了印记。如魏了翁[1](主要活动范围在四川境内及周边,曾任职于广安、汉州、眉州等地)、杜孝严[2](安岳人)、姚宗恭、覃怀孝等都在宝顶大佛湾留下了题书,其内容所反映出的信息虽然没有前文提及的两者丰富,但这些材料同样可以证明,南宋时期,赵智凤本人及他主持下进行的石刻造像活动的在当地已经具有较大的声望和影响力。

三、建造目的及宗教思想

根据南宋时期的文献,可以推测赵智凤建造本尊殿,或说建设宝顶山的目的可能包括两方面:首先,刻石追孝;其次,传播柳本尊法旨。在我们所熟悉的历史资料中,宋代之前建造的石刻或石窟,基本上以皇家或地方长官出资为主,原因或是由于该地有佛、菩萨显圣,或是地处商贸、文化交流重镇,目的或是传播佛教,或是祈福、巩固皇权,等等。而宝顶山上所记的"刻石追孝"却是少见的建造石刻目的的表述。"追孝"如何成为被认可的石刻建造原因,并且作为一个值得称颂的要素特意在称赞这处道场的碑文中提及,这可能还需从赵智凤所处的佛教环境及当时统治阶层对佛教的态度中寻找依据。

赵智凤前往弥牟之地学习佛法、筹划及设计建造宝顶山的关键时期是宋孝宗统治时期。宋孝宗作为南宋最有作为的皇帝,身份却比较特殊:一方面他并非宋高宗所出,而是宋太祖的七世孙。由于这层身

---

[1] 魏了翁(1178—1237年),字华父,号鹤山,四川蒲江县人。庆元五年(1199年)进士,官至吏部尚书,南宋著名理学家、思想家,《宋史》有传。重庆大足石刻艺术博物馆,重庆市社会科学院大足石刻艺术研究所.大足石刻铭文录[M].重庆:重庆出版社,1999:230.

[2] 杜孝严(1178—1237年),字忠可,四川安岳人,与魏了翁同年中进士,官至礼部尚书。重庆大足石刻艺术博物馆,重庆市社会科学院大足石刻艺术研究所.大足石刻铭文录[M].重庆:重庆出版社,1999:231.

份,身为太子时的赵昚处境艰难,宋高宗对他也难以完全信任。所以,对赵昚来说,强调孝道是他对宋高宗的表态,是帮助他顺利继承皇位的重要条件。宋高宗虽在绍兴三十二年(1162年)让位于当时的太子赵昚,但高宗十分长寿,孝宗在位27年,而高宗就做了25年太上皇。虽然在治国方面,宋孝宗的主张常常受到高宗及其势力的挟制,但孝宗对高宗仍是尊孝有加,淳熙十四年(1187年)高宗病卒,孝宗因服丧,让太子赵敦参与政事。淳熙十六年(1189年)2月,宋孝宗禅位于太子,即宋光宗。之后,孝宗自称太上皇,闲居重华殿,继续为高宗服丧。在以儒家思想治世的南宋王朝,身为一国之君,孝宗的"孝行"所起到的表率作用是不可忽略的。

另一方面,佛教的本土化及佛道儒三教的结合也在很大程度上体现为对"孝"的强调。前文说到宋孝宗崇信佛教,尤其信奉观音,还与当时的许多高僧交往密切。宋孝宗曾三次亲至上天竺观音院求雨,其中乾道四年四月佛诞节,"孝宗以佛生日宣若讷,请五十僧,入内观堂,行《护国金光明三昧》祈求国泰民安,边关无事,国运昌盛。并问《光明忏》科仪如何? 若讷对奏曰:'经中有理忏,有事忏。理忏者端坐究心,是以曰业障如霜露,皆从妄想生,端坐念实相,慧日能消除。事忏者有五,谨自正心,诚意思惟大乘甚深空义,从善如流,改过不吝,是修第一忏悔。孝事父母以先四海,是修第二忏悔。正法治世不枉人民,是修第三忏悔。于六斋日境内不杀,是修第四忏悔。深信因果,心存因果,不忘灵山付嘱,是修第五忏悔。不必克期礼拜,但能行此五者,以事契理,是名第一义忏悔。'"[1]

除天竺院住持外,宗杲也是宋孝宗密切交往的高僧之一,他也谈到过佛教与尽孝之间的关系。宋孝宗在《三教论》中所讨论的三教关系也反映出在封建社会制度下三教思想之间的矛盾,这种矛盾在佛教

[1]　曾其海.南宋孝宗崇佛的史料、思想及影响[J].台州学院学报,2003,25(4):17-20.

与儒家礼制间表现得尤为突出。即儒家思想强调的"三纲五常"是维系封建社会关系的基础,而佛教所要求的"出家"即构成了与封建制度的根本冲突。因此,关于尽孝的问题也是佛教在中国土地上需解决的首要问题,相关的讨论早已有之。北宋高僧契嵩就写过《孝论》12章,系统阐述了佛教的孝亲观。宗杲在谈及佛教与世俗社会关系时,也进一步表达了肯定世俗道德伦理观念的态度,认为"佛法世间法""忠义孝道乃至治身治人安国安邦之术,无有不在其中者""未有忠于君而不孝于亲者,亦未有孝于亲而不忠于君者""予虽学佛者,然爱君忧国之心,与忠义士大夫等。……喜正恶邪之志,与生俱生"[1]。不论是出于大乘佛教自身的教义传统[2],还是佛教进入中国后与道教、儒教交融、本土化后的结果,佛教教义中对"孝"的强调和重视在这一时期无疑是显著的。

另外,当时四川地区的理学发展程度较高,对赵智凤所传教义也产生了一些影响[3]。宋孝宗时四川已广泛传播二程理学及张栻学术,活跃的著名学者有宇文绍节、陈概、杨知章、范仲黼等人。《宋元学案》卷七十二"二江诸儒学案"写道:"淳熙、嘉定而后,蜀士宵续灯、雨聚笠以从事于南轩之书,湖湘间反不如也。"其中,杨知章就"得张公之学于广汉"。四川地区的著名理学家还有程颐的弟子谯定。谯定及其弟子的主要活动地区就是在现在的重庆周边,他们的理学思想很可能影响到大足地区及赵智凤本人。

不难想见,在南宋四川地区的社会环境中,无论是统治者还是地方政府,都有对"尽孝"的需求,无论是佛教义理还是儒学先锋思想,都包含着对"孝"的重视和强调。所以说,"刻石追孝"无论是不是赵智凤

---

[1]　蕴闻.大慧普觉禅师语录:卷二十四(示成机宜)[M/OL].[2023-06-22].中华典藏网.

[2]　古正美.大足佛教孝经经变的佛教源流[J].大理民族文化研究论丛,2012(1):375-422.

[3]　胡昭曦.大足宝顶石刻"孝"的教化[J].中华文化论坛,1995(3):55-60.

最初的造像动机,它都可以成为这处道场的建造目的,这是顺应当时社会需求和宗教信仰潮流的产物。在一定程度上,当时社会上对孝道的重视也使"刻石追孝"成为赵智凤宣传教义和道场的一个重要标语。

目前的研究认为宝顶山石刻(主要是大佛湾)中与"孝"相关的造像包括大方便佛报恩经变相、父母恩重经变相(图2-3),同时地狱变相中也特别提出了不孝者将受的惩罚[1]。这里笔者还想指出,宝顶山石刻中除上述三处与"孝"相关的造像之外,千手观音造像也应被看作与"孝"有关的造像主题。

千手观音自唐代传入中国本土后,迅速经历了本土化的过程。千手观音传入大概始于唐代中期,参与翻译《千手经》的都是当时极具影

图2-3　宝顶山石刻父母恩重经变相(大足石刻研究院供图)

---

[1]　胡昭曦.大足宝顶石刻"孝"的教化[J].中华文化论坛,1995(3):55-60.阎文儒.大足宝顶石窟[J].四川文物,1986(S1):14-30.

响力的僧人,如善无畏、不空、伽梵达摩、智通等等。而至少在晚唐时期,密教信仰及千手观音图像就已经在四川地区传布开来了。根据《唐代名画录》记载,贞观时期尉迟乙僧就曾在慈恩寺塔前凹凸花面中画千手眼大悲像,"精妙之状,不可名焉"[1]。《益州名画录》记载,成都大圣慈寺文殊阁东畔有宝历年间(公元825—827)左全画的千手眼大悲变相,华严阁下东畔有中和年间(公元881—885)张南本画的大悲变相,圣寿寺大殿有咸通年间(公元860—874)范琼与陈皓、彭坚同画的大悲像,并号称"名动一时"[2]。而在大足石刻北山的唐代造像中也有许多千手千眼造像。由此可见,在宋代之前,千手观音信仰在大足地区就已十分流行。

而宋代是千手观音信仰本土化的重要时期,一方面北宋知礼[3]创作《大悲忏》,对《千手经》及千手观音信仰的本土化进程起到了推动作用。另一方面,在12世纪前后,妙善公主传说[4]的出现和传播使千手观音的身份与中国本土建立了关系,这是千手观音信仰本土化的重要标志。

知礼是北宋天台宗中兴的代表人物,其修行和各种忏仪著述对当时的社会和后世佛教信仰的发展都产生了很重要的影响。而我们从

[1] 朱敬玄.唐朝名画录:神品(下)[M/OL].[2023-06-22].识典古籍.

[2] 宣和画谱:卷2[M/OL].[2023-06-22].中华典藏网.

[3] 知礼(960—1028),北宋僧人,字约言,俗姓金,又称"法智大师""四明尊者"。知礼继承天台宗智、湛然的学说,并有所发挥。天禧元年(1017)宋真宗赐名法智大师,圆寂后被尊为天台宗第十七祖、四明尊者。其著作尚有《金光明经文句记》12卷、《金光明经玄义拾遗记》6卷、《观无量寿经疏妙宗钞》3卷、《解谤书》3卷、《观音经玄义记》4卷、《观音经义疏记》4卷、《金光明三昧仪》1卷、《大悲忏仪》1卷、《修忏要旨》1卷及《四明尊者教行录》7卷等。

[4] 于君方.观音:菩萨中国化的演变[M].陈怀宇,姚崇新,林佩莹,译.北京:商务印书馆,2012.

知礼的修炼方式中,可以看到柳本尊的影子。柳本尊和知礼皆有燃指供佛行为,知礼还曾试图通过焚烧身体的方式警醒世人。唐至五代,这种极端修行方式被当作当时狂热信众表达虔诚和侍佛决心的重要途径普遍存在,并且它们都与"大悲信仰"有关[1]。知礼的这种苦行修行方式,以及《大悲忏》的创作和传播,使千手千眼观音信仰在南宋更加普遍。这种将《大悲咒》与天台宗忏悔、止观思想相结合的仪式也是将密教本土化的一种重要方式,千手千眼观音菩萨也成了大悲观音[2]。虽然知礼创《大悲忏》最初是为了实现修行者个人心灵的觉醒和开悟,但之后忏仪的举办和转变越来越多源于对各种利益的追求或愿望的实现。而在《大悲忏》之后,妙善公主传说的出现奠定了千手千眼观音与中国本土的牢固联系,完成了千手观音信仰的本土化过程。

　　11世纪末,关于千手千眼观音如何得道的传奇故事在河南香山出现了。时任汝州知府的蒋之奇根据香山寺住持怀昼所说千手千眼观音传奇撰文,并由蔡京书写,刻碑立于寺中,这就是我们所知最早的《大悲菩萨传》。在《大悲菩萨传》中,这位异国的神明被描述为"妙庄王的第三个女儿",名为"妙善"。故事的内容简单说来是这样的:妙善公主一心侍佛,拒绝了父母安排的婚事,因此受到了各种惩罚。妙庄王为浇灭妙善的求道之心,甚至放火烧了她所在的百雀寺,杀尽五百尼众,并以不孝罪名处决妙善。妙善得以重返阳间后就在香山寺修行得道。恰巧这时的妙庄王怪病缠身,无人能医。而妙善却不计前嫌,用自己的双手双眼制成药救活了他。妙庄王知道后满心忏悔,带领皇族一起皈依佛门。这时,妙善立现千手千眼,变成了千手千眼观音。

[1]　唐代末期、五代乃至宋朝,持诵《大悲咒》而得解救或产生其他灵验感应事迹的传说和故事十分流行,可见千手观音在民间的接受程度极高。闫伟伟《大悲咒与唐宋小说研究》就对大悲咒在民间信仰、故事中的反映和两者间的关系进行了整理与分析。

[2]　于君方.观音:菩萨中国化的演变[M].陈怀宇,姚崇新,林佩莹,译.北京:商务印书馆,2012.

妙善逝世后,她的舍利被供奉在了佛塔中。这则关于千手千眼观音如何得道的故事不仅将千手千眼观音安排在了中国的土地上,还对佛教在中国发展遇到的主要矛盾(尽孝和侍佛的矛盾)进行了描述,并且在故事结尾时,以千手千眼观音信仰的方式解决了这一矛盾。香山寺作为本来就供奉有千手观音的寺观,以及神迹发生的场所,因此成为香火鼎盛的朝圣中心。1102年,蒋之奇从汝州转任杭州知府,他极有可能将这个故事也带到了杭州。于方君认为杭州上天竺寺在10世纪时已经成为观音朝圣中心,这个故事一经传入就立刻与该寺发生了密切的联系,特别是在宋王室南迁后,香山寺逐渐没落,"杭州上天竺寺成了全国观音信仰的朝圣中心"[1]。这直接影响到之后《香山宝卷》的出现。

回到宝顶山石刻,大佛湾的建造"比刻有妙善传说的石碑晚了大约一百年,两者之间有所关联也并非全无可能"[2]。妙善公主舍身救父的故事,也让我们想到赵智凤修建大佛湾的目的之一"刻石追孝"。首先,大足地区本来就有千手观音信仰的基础;其次,杭州作为南宋的政治经济中心,上天竺寺作为南宋朝圣观音的圣地,妙善故事的影响力自然能遍及南宋国土;最后,我们可以推测,在儒释道互动极多的社会环境下,传播柳本尊密宗瑜伽教教旨的赵智凤选择千手观音这类结合侍佛、尽孝、显圣的感应故事题材,与《父母恩重经》《大方便佛报恩经》等有着相似的作用和效果。所以说在大佛湾雕凿千手观音造像,其中的"孝"含义是不言而喻的。作为对当时最盛行的信仰对象和修行方式的回应,大佛湾如此规模的千手观音造像对信众产生的吸引力是巨大的。

---

[1] 于君方.观音:菩萨中国化的演变[M].陈怀宇,姚崇新,林佩莹,译.北京:商务印书馆,2012:300.

[2] 于君方.观音:菩萨中国化的演变[M].陈怀宇,姚崇新,林佩莹,译.北京:商务印书馆,2012:319.

　　根据南宋时期的石刻文字记录,赵智凤建造宝顶山石刻的另一个目的是"传授柳本尊法旨"。虽然赵智凤本人的生平在南宋一朝的记录并不丰富,但是柳本尊的生平事迹却在宝顶山《唐柳本尊传》碑上留下了详细的描述[1]。根据碑文内容可知,《唐柳本尊传》是赵智凤复刻在宝顶山的,原碑由南宋王直清刻于弥牟柳本尊墓旁。碑文记录了柳本尊的生平事迹,尤其对柳本尊十炼修行的内容进行了细致的描述。现在看来十炼的内容颇血腥,但此种修行方式在唐宋时代比较流行,且能以此种方式进行修行的僧人、居士往往受到赞赏和追捧[2]。柳本尊作为唐瑜伽部总持王,十炼不仅是他得道的证明,也是赵智凤传承柳本尊法旨的重要宣传"招牌"。在宝顶山有两处雕刻"柳本尊十炼图",可见其重要性。且根据席存著铭文记载,赵智凤自身也有"舍耳炼顶报亲"的修行,这是他传柳本尊法旨的一个直接表现,想必也是成就其威望与影响力的重要原因之一。

　　了解了赵智凤营建宝顶山石刻的目的,我们再进一步考察石刻造像的具体情况。根据目前所掌握的信息可知,宝顶山南宋时期的石刻包括大佛湾、小佛湾及周边结界像。大、小佛湾在南宋时分别被称为"广大宝楼阁""大宝楼阁",而关于周边结界像未有直接的记载。广大宝楼阁(大佛湾)位于圣寿寺和大宝楼阁下方的马蹄形山谷中,雕刻部分的崖壁长度约500米。以进入大佛湾的古石梯为界:向东依次是猛虎下山,护法群像,六道轮回图,广大宝楼阁,华严三圣,舍利宝塔,妙智宝塔图,千手观音像,化城喻品图,释迦太子行化图,释迦佛涅槃图,

[1]　碑文详见重庆大足石刻艺术博物馆,重庆市社会科学院大足石刻艺术研究所.大足石刻铭文录[M].重庆:重庆出版社,1999:207-209.亦可参考陈明光.《宋刻〈唐柳本尊传碑〉校补》文中"天福"纪年的考察与辨正:兼大足、安岳石刻柳本尊"十炼图"题记"天福"年号的由来探疑[J].世界宗教研究,2004(4):22-28.

[2]　黄阳兴.中晚唐时期四川地区的密教信仰[J].宗教学研究,2008(1):107-112.亦可参考于君方.观音:菩萨中国化的演变[M].陈怀宇,姚崇新,林佩莹,译.北京:商务印书馆,2012:282-283.

九龙浴太子,孔雀明王经变相,毗卢道场,父母恩重经变相,雷音图,大方便佛报恩经变相,净土变相,缚心猿锁六耗图,地藏、十王、地狱变相,柳本尊十炼图和十大明王像;向西依次是牧牛图、圆觉洞、柳本尊正觉像(图2-4—图2-8,由大足石刻研究院提供)。除了大量题材丰富的造像石刻,还有许多文字榜题、偈语内容搭配在造像旁。这种图文结合的形式有助于观者理解造像所要表达的含义,也使宝顶山石刻造像的形式更加丰富。大宝楼阁(小佛湾)的石刻内容有祖师塔、七佛龛、报恩经变洞、坛台殿堂佛龛、毗卢庵洞、一佛二菩萨洞、禅室、金刚神洞、灌顶井龛洞等等。

图2-4　宝顶山石刻大佛湾展开图(A)(大足石刻研究院供图)

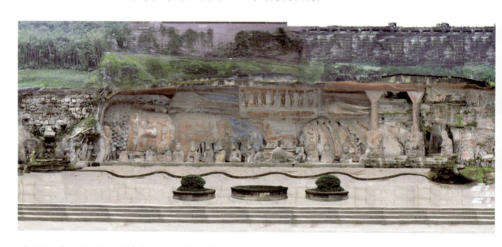

图2-5　宝顶山石刻大佛湾展开图(B)(大足石刻研究院供图)

图2-6 宝顶山石刻大佛湾展开图(C)(大足石刻研究院供图)

图2-7 宝顶山石刻大佛湾展开图(D)(大足石刻研究院供图)

图2-8 宝顶山石刻大佛湾展开图(E)(大足石刻研究院供图)

如前文所述,宋代宗教的发展趋势即三教互相融合,在赵智凤建造的修行之所造像中,儒释道乃至佛教各宗思想交融,既使宝顶山石刻兼容并包,也为后世"准备了"各种解读的可能性。学者对宝顶山石刻的宗教思想已有许多研究。除了儒释道思想的融合,宝顶山石刻中包含佛教密宗思想也是被普遍接受的。具体来说,有学者认为宝顶山

石刻就是密宗道场[1],也有部分学者认为这里是以密宗造像为主,兼
容禅宗、净土、儒释结合的造像[2]。李哲良更是分析了宝顶山石刻中
蕴含的禅宗思想,认为所"表现的'孝'和密宗的修行方式等,与其说是
对儒家和密教的继承,不如说是对'外儒内禅'的程朱理学的发挥。也
可以说,它就是披上佛光禅影外衣的程朱理学的形象化的具体展示"。
李哲良认为宝顶山石刻是以禅为特质的多元化传统文化。[3]除了明
确的密宗主题、禅宗主题外,还有许多造像主题兼具多宗思想。胡文
和先生认为柳本尊的宗教思想实际上是密宗与华严宗的结合,而柳本
尊实际是"华严宗第六代祖师"[4],以及李小强认为"净土信仰"是宝顶
山道场比较重要的信仰[5],等等。

　　柳赵教派所传密宗瑜伽教究竟包括哪些教义,并没有留下具体的
文字记录。除了柳本尊十炼图和密宗信仰的毗卢舍那佛,要进一步分
辨出哪些是柳赵教派强调的信仰内容,还需要另一参考对象,即安岳
石羊镇南宋石刻。安岳石羊镇南宋石刻中的毗卢洞、华严洞、茗山寺、
报国寺"等被认为与宝顶山石刻有密切的联系。这种联系可以归纳为
两个方面:一是造像风格题材的重复;二是居士形象的存在。在宝顶
山和安岳两处都出现了华严、毗卢洞,且在形制、图像布局上如出一
辙。鉴于两处石刻均建造于南宋时期,有学者认为安岳石羊镇石刻是
赵智凤弟子在安岳开建的分坛,造像也是以宝顶山石刻为依据建造

[1]　详见郭相颖.略谈宝顶山摩岩造像是完备而有特色的密宗道场[J].社会科学研究,
　　　1986(4):62-66.郭相颖.再谈宝顶山摩岩造像是密宗道场及研究断想[J].社会科学
　　　研究,1996(1):122-130.

[2]　阎文儒.大足宝顶石窟[J].四川文物,1986(S1):14-30.

[3]　李哲良.我观大足石刻[J].重庆社会科学,1994(5):63-67.

[4]　胡文和.大足、安岳宋代华严系统造像源流和宗教意义新探索:以大足宝顶毗卢道场
　　　和圆觉洞图像为例[J].敦煌研究,2009(4):47-54.

[5]　李小强.试论净土信仰与大足石刻的关系[J].佛学研究,2004(1):244-251.

的[1]。如果安岳石羊镇石刻是赵智凤教派分坛，那么出于资金、效率及宣传准确性的考虑，应选择柳赵教派最具代表性、最核心的图像来传达教义。也就是说，这些与宝顶山重复的造像题材，在柳赵教派中应更为重要。另外，卷发人（或称"鬈发人"）形象（图2-9）这一特殊的造像形象同时出现在两地，且数量很多，是不应被忽视的信仰或修行主题。

杨雄在《大足宝顶鬈发人造像的佛教意义》一文中所讨论的三种"卷发人"身份极具启发性。杨文认为宝顶山石刻中出现的卷发人形象包括至少三种身份——柳本尊、赵智凤和傅大士，并且认为赵智凤可能并没有取得度牒成为出家僧人，而是与柳本尊、傅大士一样是修行居士的身份。这种可能性是极大的。首先，如前文所说，南宋初期为了保证劳动力，限制僧道出家，一度停止发放度牒十多年之久，这就使南宋时期修行的居士人数大增。之后，虽开始发放度牒，也主要以鬻卖的形式执行，度牒的价格一度涨到800~1 000贯[2]，负担不起或不愿以此方式获取度牒的人便会选择以居士身份修行。赵智凤被称

图2-9 卧佛前卷发人形象（徐琪歆2016年摄）

[1] 陈明光,邓之金.试述安岳石刻与大足石刻的关系[J].四川文物,1986(S1):79-83.

[2] 竺沙雅章.中国佛教社会史研究[M].京都:同朋舍,1982.参见第一章"宋代卖牒考"。

为"道者"而非"僧人",极大的可能性就是他并没有取得"度牒",但这并不会影响他得道和传道。这与宋朝居士佛教的兴盛也有较大的关系。两宋时期,由于禅宗的兴盛、儒家理学"援佛入理"、仕途不如意等,士大夫"留心释典,禅观之学"者众多。在宝顶山石刻中,卷发或着冠居士的形象散布于多处佛教造像中,可以认为是赵智凤有意强调居士信仰和修行方式的一种表现。其次,除了柳本尊、赵智凤、傅大士,大佛湾中牧牛图石刻图组所借鉴的主题来源被认为是杨次公,而杨次公也是居士身份。除此之外,前文中提到《大悲菩萨传》中的妙善公主同样是居士身份,而非出家尼姑。于君方也讨论过妙善"和许多新兴在家居士运动的参与者(自称为'道民')在生活形态和日常活动方面颇为相似","唯有将艺术上的女性观音造像与宋代新兴在家居士运动两者一并纳入考量"才能解释为何故事中观音化身为一名少女,而不是僧人。所以,大佛湾中出现大量的居士形象可以是柳本尊、赵智凤、傅大士、杨次公,也可以指代所有居士修行者。可以看出,赵智凤传柳本尊法旨,除了十炼图、瑜伽教,也强调居士佛教和居士修行的方式。

　　赵智凤建造宝顶山石刻,仅有目的和动机是不够的,促成石刻开凿的想法得以实现,还需要满足其他支持条件。宝顶山保存下来的南宋碑刻或南宋其他有关宝顶山的信息中并没有关于寺观经营或赵智凤筹资的信息。但我们可以从下面几个方面了解到宝顶山石刻的资金来源。首先,南宋寺观经营最重要的收入来源之一即寺观的田产。南宋政府鼓励寺观组织耕垦,绍兴二年(1132年),宋高宗诏令:"诸路寺观常住荒田,令州县召僧道耕垦,内措置有方,及租税无拖欠者,并仰所属差拨住持,其田宅寺观,仍不以名次高下差拨。"[1]宝顶山石刻除了碑文中提到的大宝楼阁和广大宝楼阁,还有许多单独造像散落在宝顶山四周。陈明光文提到13处[2],近期研究发现周边造像达16

[1]　徐松.宋会要辑稿:食货六[M/OL].[2023-06-30].中国哲学书电子化计划.

[2]　陈明光.大足宝顶山石窟研究[J].佛学研究,2000(0):258-277.

处[1]。宋刻《唐柳本尊传》碑阴面刻有《宝顶常驻田产》碑,宣告"宝顶山佛祖岩"的田产不可侵犯,可以视为一证。《大足石刻铭文录》将此碑"视为明碑",因为"赵智宗"的称呼与明代刘畋人、玄极的称谓相似。宋宇文屺的《诗碑并序》中也称赵智凤为"赵智宗"。加之此文刻于《唐柳本尊传》阴面,它极有可能也是宋代雕刻的。佛祖岩既拥有田产,那么主持这里一应事务的赵智凤便有可能通过土地收成来雇用石刻匠人。

　　然而,宝顶山石刻的造像最终却未能完成。至南宋末年,或是因为兵燹之灾,或是因为赵智凤离世,或是其他不为今人所知的原因,宝顶山的造像活动突然停止,留下了大佛湾尽头尚未完工的明王像(图2-10)。

图2-10　大佛湾未完工的明王像(徐琪歆2016年摄)

[1]　邓启兵,黎方银,黄能迁,等.大足宝顶山石窟周边区域宋代造像考察研究[J].石窟寺研究,2015(1):76-115.

　　综合以上的分析,我们可以归纳出以下信息:南宋孝宗统治时期,大足修佛道者赵智凤回到自己家乡的寺观,经过精心设计和系统安排,他主持建造了位于大、小佛湾的道场造像。造像的筛选、布局安排不可避免地受到当时宗教政策、社会环境、时兴信仰题材等的影响。所以,虽然从佛教宗派来说,赵智凤宣称其所传柳本尊法旨,即属于密宗瑜伽教,但是他在造像中仍然安排了许多反映禅宗、"孝"思想乃至"忠君"思想的题材造像。此外,《舆地纪胜》中赵智凤被称为"道者",以及根据我们对卷发人形象的分析,赵智凤应是当时在川渝地区具有一定影响力的得道居士,但其身份尚未被神秘化。宝顶山石刻建造目的包括"报亲""传法"两个方面,赵智凤在此修行、传教,并通过"舍耳炼顶"和"散施符法"的方式得到了地方信众的认可。广大宝楼阁的造像内容及宗教思想十分丰富,尽管赵智凤辛劳一生,但是宝顶山石刻的建造最终并未能全部完工,极有可能是因为南宋末年蒙军对昌州、合州的军事骚扰。而石刻内容的丰富性,为它在后世的不同使用方式、解读角度提供了可能性和合理性,使其在历史演变中经久不衰,且愈加丰富。总之,这一时期是宝顶山石刻建造的主要时期,创造了南宋历史上的宗教奇迹,为后世留下了宝贵的财富。

第二节　明清时期的演变

　　蒙军的铁骑不仅征服了以险著称的四川地区,更是将中国的版图扩张到了最辽阔的程度,对世界东西交流产生了巨大的影响。然而相对于壮阔的元代版图,这一时期的大足和宝顶山却没有留下丝毫的笔墨和痕迹。但是默默无闻的宝顶山极有可能仍然发挥着小范围的宗教功能,只是没有在元代统治时期产生更大的影响。直到明代建立后,宝顶山才再一次进入历史的记述中。

一、明代的宝顶山

明代刘畋人撰《重开宝顶石碑记》完成时已经是明仁宗洪熙元年(1425年),距离宝顶山的创建已经过去了两个多世纪。通过刘畋人的碑文和其他一些重要的碑文可以看出,对赵智凤及宝顶山的描述,在明代都产生了一些变化。

根据《重开宝顶石碑记》记载:"传自宋高宗绍兴二十九年七月十有四日,有日赵智凤者始生于米粮里沙溪。年甫五岁,靡尚华饰,以所居近旧有古佛岩,遂落发剪爪,入其中为僧。年十六,西往弥年,云游三昼。既还,命工首建寿圣(即圣寿,下同)本尊殿,因名其山曰宝顶。发弘誓愿普施法水,御灾捍患,德洽远近,莫不皈依。凡山之前岩后洞,琢诸佛像,建无量功德⋯⋯"此碑还提到柳本尊事迹,并说:"明宗赐其院额曰大轮至宋神宗熙宁间敕号曰寿圣本尊,后智凤因持其教,故亦以是为号,为初是院之建肇于智凤,莫不毕具,遭元季兵燹,一无所存,遗基故址莽然荆棘。"

在宝顶重开之后,记录赵智凤、柳本尊,以及宝顶山石刻造像建造背景的信息不断出现,它们不仅内容更加丰富,也出现了对二人身份认识的新解读。

僧超禅《恩荣圣寿寺记》碑(1474年)记载:"⋯⋯唐宋年间乃毗卢佛化身柳赵二本尊开建古迹道场上为国家祝厘下为庶民祈福先于永乐十年敬奉蜀献祖驾临本寺见得石像俨然殿宇倾颓缺僧修理至永乐十六年四月内奉令旨差百户彭善新送本寺惠妙住持⋯⋯"

曹琼《恩荣圣寿寺碑》(1504年)记载:"重庆郡属邑曰大足,去城东三十里有山曰宝顶,有寺曰圣寿,建立自唐,至宋熙宁年间,敕赐今号。相传为毗卢氏脱俗炼形之所也⋯⋯周遭凡六百尺,悉镌天竺诸境及冥司判官罗汉千象⋯⋯大意宛然,景迹非常,金碧烂熳,天然工巧,殆有神妙,皆毗卢之功也。寺因著名朝廷久也。……今考其书,毗卢佛在世,托生于本邑米粮里赵廷富之家,事母最孝。母尝抱疾,乃礼求于师,将委身以救,母疾以愈。他凡可以济人利物者,靡所不至,清苦七十余年,始幻化超如来地之上品观,此又未必无据也。"

悟朝《临济正宗记》碑(1571年)记载:"敕赐圣寿寺传灯记,我朝扫胡元以开天取渝土于明氏棠城乃渝州之属邑也其间名山大观虽不可纪惟宝顶称诸山之甲考其开创始于唐宣宗大中九年奉朝敕赐三道以表佛迹之奇……"

以上几篇碑文是明代宝顶山石刻中颇为重要的文献,也是宗教史研究的重要资料和证据。这四篇碑文虽然都同属一朝的文献,但是撰文作者的身份却大为不同,基本上可分为两类:一类是士人所作;另一类是僧人所作。对赵智凤和柳本尊事迹详加描述的两篇碑记,刘畋人撰《重开宝顶石碑记》(后简称"刘碑")和曹琼《恩荣圣寿寺碑》(后简称"曹碑"),作者的身份都非在圣寿寺出家的僧人。刘畋人的身份是"前云南考试官四川重庆府大足县儒学教谕",即大足当地的县学教授,相当于如今的地方最高学府的校长。而曹琼是"赐进士第文林郎南京山东道监察御史",属于正七品,是朝廷官员。两文的目的也不相同:刘碑是为纪念圣寿寺、石刻重修而撰写;而曹碑实际是一众官员相约游赏宝顶圣寿寺后所作。

他们两人的碑文时间相差近80年,两文涉及的内容相仿,都对赵智凤、圣寿寺进行了更为详细的描述,但具体信息有一定差异,可以对比起来分析。首先,赵智凤的生平事迹较南宋详细了许多。一是补充了赵智凤出家修行的原因和细节,如"托生于本邑米良里赵延富之家,奉母最孝。母尝抱疾,乃礼求于其师,将委身以救"(曹碑),"年十六,西往弥牟,云游三昼"(刘碑)。即赵智凤是为救母才出家修行,且去弥牟云游用"三昼"即回山传播法旨。二是对赵智凤在宝顶山的宗教活动进行了交代,如"普施法水,御灾捍患,德洽远近,莫不皈依,凡山之前岩后洞琢诸佛像,建无量功德"(刘碑),"凡可以济人利物者,靡所不至,清苦七十余年……"(曹碑)。即除了建造石刻、施法救民,还提到了赵智凤"七十余年"的修行轨迹。三是对圣寿寺的创建和建造停止的原因进行了交代,如"为初是院之建肇于智凤,莫不毕具,遭元季兵燹,一无所存,遗基故址莽然荆棘"(刘碑),"建立自唐,至宋熙宁年间,敕赐今号。相传为毗卢氏脱俗炼形之所"(曹碑)。另外,刘碑对圣寿寺和宝顶山石刻重修的情况进行了介绍,包括时间、步骤等等,下文再详述。

在这些更为详细的描述文字中,我们可以明显看出,经历了两百多年时间,柳本尊的身份被进一步神化(由"金刚藏菩萨"变成了"毗卢佛")。宝顶山石刻的建造者赵智凤在这时已经不再仅仅是一位修行者,而是同样成了神化对象,如曹碑"相传为毗卢氏脱俗炼形之所",又如刘碑称赵智凤在弥牟仅"云游三昼",也可以理解为神化赵智凤行迹的一种体现。在有关赵智凤的研究中,有学者讨论"三昼"的时间概念究竟是三天或是三年[1]。虽然没有形成统一观点,但无论是哪种观点,都是以夸张的手法凸显赵智凤在佛法造诣上的表现。

除了对赵智凤和宝顶山(石刻)信息的补充,这两处碑文都提到了在南宋时期的信息中并未直接出现的圣寿寺,且对其建造年代也进行了介绍。刘碑记载"明宗赐其院额曰大轮至宋神宗熙宁间敕号曰寿圣本尊,后智凤因持其教,故亦以是为号,为初是院之建肇于智凤,莫不毕具",即认为柳本尊建大轮院是在弥牟,后被敕额"寿圣"。所以,赵智凤前往弥牟正是在柳本尊曾建造的"大轮寺"(后改为圣寿寺)里学习佛法"三昼"。之后,赵智凤因传柳本尊教法将"圣寿"二字用在了宝顶山的寺庙[2]。不过,前文已经提到南宋建造寺观需敕额的严格制

---

[1] 陈明光先生认为"三昼"是三年,见陈明光.大足宝顶山石窟研究[J].佛学研究,2000
　　(0):258-277.

[2] 陈明光.大足宝顶山石窟研究[J].佛学研究,2000(0):258-277.

度,因此,这里说赵智凤按照己意命名宝顶山的寺庙似乎是不可能的。同样提到宋神宗熙宁间赐敕额,曹碑所述为"重庆郡属邑曰大足,去城东三十里有山曰宝顶,有寺曰圣寿,建立自唐,至宋熙宁年间,敕赐今号",即在熙宁年间受敕赐"圣寿"的寺观正是位于赵智凤所经营的宝顶山上的寺观,并且认为它创于唐代。作为监察御史,曹琼对宋代的寺观管理方式的了解程度更高。且曹琼一行人来宝顶山游览,应是读过刘碑的,可能在其文字信息上进行了改正。综上所述,我们可以认为,至少在明代,宝顶山圣寿寺就已经作为"历史上建造的寺观"而存在了。

另外,两文都对宝顶山的自然风光给予了描述和赞美。"岩谷深邃,林峦秀美,丛篁古木,蓊郁阴翳……"(刘碑),"是山独秀于众峰峰峛崒中,白云冉冉荫蔚蔽天……"并认为宝顶山景迹非常正是毗卢佛选址建立道场的原因所在。另外,曹碑提到宝顶山"著名朝廷久也",是因为"景迹非常,金碧烂熳,天然工巧,殆有神妙,皆毗卢之功也",即也是因景致和"毗卢之功",使宝顶山于明代成为一个宗教神迹而闻名于朝廷。

有意思的是,相对于上述文人、官员所撰碑文来说,明代僧人题写的碑刻内容却对柳赵二人的身份成就所谈甚少,仅僧超禅《恩荣圣寿寺记》碑中提到宝顶山"唐宋年间乃毗卢佛化身柳赵二本尊开建古迹道场"。悟朝《临济正宗记》碑则将宝顶山描述为临济宗元亮一脉的祖庭,即其使用和管理者已经不再是密宗法师,而变成了临济宗元亮一脉,在碑文中提到:"本寺乃临济派脉自始祖元亮系陕西平凉人士洪武初年居此传灯……"

清代《续灯正统》记载了晓山元亮的信息:

□□府宝顶晓山元亮禅师。

河南信阳萧氏子,幼却荤。以父官棠,遂家棠。因宝林至福有道,从落发。福示以禅要,有省,且指参古渝幽谷。才入室,针芥相投。洪武壬子,归棠建宝顶。被诏住报恩,迁大慈,宸章屡降,力求退,乃赐还山。初蜀藩,亦尝请说法内庭。

示众:瓮里何曾走却鳖,虾跳元来不出斗。出世若无坚固心,六道轮回空自走。兄弟们,即今入宝山,还有不空手而归者么?设有,正须朝打三千,暮打八百。庚申十月十三,时天净无云,日午忽轰雷三震,圆光空际亦三,遂化去。茶毗,舍利如注。

以此为依据,有学者认为元末时宝顶山圣寿寺是有僧人管理的,只是较为萧条,未有正统,因此也没什么影响力。这种情况在元亮禅师来到宝顶山后便发生了改变。[1]除此之外,明太祖在洪武十五年(1382年)下令将天下寺观分为禅、讲、教三类,僧人也要据此分类,并着不同颜色的僧袍以示区别。[2]宝顶山圣寿寺僧人立碑明确自己的宗派身份,应与太祖的御令有关。

临济宗信仰与柳赵教派的法旨自是完全不同的。首先,虽然同是佛教信仰,但柳赵瑜伽教有非常明确的崇拜对象,即柳本尊和赵智凤(毗卢佛化身),而柳赵二人及其修行方式在临济宗这里并不能得到认可。在修行方式上,赵智凤清苦70余年建造大宝楼阁和广大宝楼阁,自是因为这些造像对他们的修行及教旨的弘传有重大的作用。而临济宗不推崇苦修,而是更注重宗教义理的研究、顿悟。因此,宝顶山造像中有一些或可以继续为其所用,而另一些则难以得到同等的重视与使用。柳本尊残忍的修行方式与临济宗格格不入。僧人在碑文中不过多追溯柳赵二人的身份,便很好理解了。

———————————

[1]　黄夏年.大足宝顶始祖元亮晓山考:大足石刻《临济正宗记》碑研究[J].中华文化论坛,2005(4):106-113.
　　　陈明光.大足临济宗始祖元亮与师至福考:探述大足临济宗派的弘传与衰落[J].佛学研究,2007(0):216-227.这两篇文章对临济宗的情况进行了比较系统的梳理。
[2]　葛寅亮.金陵梵刹志:卷二钦录集[M/OL].[2023-06-30].中华典藏网.

　　与此同时,明代观音信仰在中国进一步普及和兴盛是一个不可忽视的事实,也是宝顶山得以再次兴起的信仰基础。观音信仰自传入中国,便迅速本土化,观音也成为中国较为重要的民间信仰和崇拜对象。在中国的密教观音信仰中,千手观音虽然传入比较晚,但是得到了三位密教大师的一致推崇,译经丰富,当时的朝廷也给予了护持,使千手观音在中国大地上盛名远播。宋代《大悲忏》的盛行,使千手观音信仰在各阶层信众中能普及开来。拜忏的目的不再是个人心灵觉醒和开悟的方法,而是变为获得各种利益的手段,包括孝子为已故父母祈求往生善处等。与千手观音信仰息息相关的大悲忏仪的举行,至少在宋代已经与儒家的孝道有密切的关系[1]。且早在唐末、五代时,一些著名的僧人就通过“持咒、造像、自残等独特的方式来供奉菩萨”。同柳本尊相似,《大悲忏》的创作者知礼也有焚身供养的行为。

　　元代,中峰明本撰《幻住庵清规》[2],根据其所记“月进”内容可知,至少在元代,二月十九作为观音诞辰,相关的庆典仪式已经形成。如果说《大悲菩萨传》的出现促进了观音信仰的普及和观音圣地(如香山寺、上天竺寺)的出现。那么诞辰庆典仪式的制定和内容的明确应是将朝圣规范化、固定化的一个重要标志。

　　明代观音信仰进一步发展,前文中提到的《大悲菩萨传》中妙善公主的传说至少在明代被编辑为《香山宝卷》,它被认为是我国最早的一部宝卷[3]。明清时期,根据《香山宝卷》的传说发展出了更加丰富的文学作品,如明代小说《南海观音全传》、戏曲《香山记》等等。相应的朝

---

[1]　于君方.观音:菩萨中国化的演变[M].陈怀宇,姚崇新,林佩莹,译.北京:商务印书馆,2012:275.参见第七章“大悲忏仪与千手千眼观音在宋代的本土化”。

[2]　《幻住庵清规》是中峰明本禅师住幻住庵时为僧众制定的清规,包括日资、月进、年规、世范、营办、家风、名分、践履、摄养、津送,于延祐四年(1317年)刊行。

[3]　韩秉方.观世音信仰与妙善的传说:兼及我国最早一部宝卷《香山宝卷》的诞生[J].世界宗教研究,2004(2):54-61.

圣行为、进香活动已经在各个与观音有关的圣地兴起。

再回看宝顶山造像，这里正有一尊千手千眼大悲像。刘碑提到惠妙主持重修宝顶，在完成寺庙、僧房等设施之后，"立在以来重修毗卢殿阁，石砌七佛阶台，重整千手大悲宝阁……"在大佛湾众多造像中，千手大悲宝阁的修整是在碑文中明确提及的唯一一处。虽然未对整个佛湾的造像进行整饬，但它仍被民间解读为毗卢佛神迹，再加上千手观音信仰的普及性和千手观音造像的精湛程度，都对临济宗的发展大有益处。相应地，临济宗对宝顶山的经营，使宝顶山名声得以重新传播，且受到了蜀王乃至皇帝的认可。根据超禅碑所记内容，明永乐十年（1412年），蜀献王朱椿曾来到宝顶山进香[1]。且曹碑中又记载"弘治癸亥（1503年）秋今皇上以海内平宁宫掖多福乃绘观音水莲画像信以国宝命僧录觉义成完领捧亲置雁堂为诸释弟子供侍"。

宝顶山石刻造像的内容丰富，展示了多种佛教思想的融合，其中牧牛图、缚心猿锁六耗图等造像被认为正是禅宗思想的体现。而在众多造像中，最吸引圣寿寺僧人的便是千手观音造像。这些造像成为联结赵智凤所建造像群与临济宗禅宗信仰的纽带，此后这里所推崇的教义、修行方式，以及举行的宗教仪式可能都存在着一定的变化，但圣寿寺及宝顶山造像的宗教功能却得以延续。蜀王的驾临、皇帝的赐赠也显示了宝顶山的影响力，它不再是地方某位得道者的修行之所，而是成了彰显毗卢神迹的佛教圣地、供奉千手观音之地及临济宗的"大丛林"。

二、清代的宝顶山

明末宝顶山再遭兵燹之灾，至清康熙二十九年（1690年），宝顶山又出现了新碑：史彰撰《重开宝顶碑记》（《重开宝顶山维摩寺碑记》）。

[1]　僧超禅.恩荣圣寿记[M]//重庆大足石刻艺术博物馆,重庆市社会科学院大足石刻艺术研究所.大足石刻铭文录.重庆:重庆出版社,1999.

从碑文中可以看出,清代人所认识的圣寿寺又与明代有所不同。碑中提到"足邑三十里许,有宝顶山寺,即维摩道场也""历代香火最盛,名齐峨眉,蜀人有'上朝峨眉、下朝宝顶'之语,自献贼逞残,以后僧堂寺烬,迄今四十余载……""有山名宝顶,寺建维摩""山门外石上有佛双足印覆以为亭""其右镌三世佛丈六金身千手大悲像""昔谓鲁班所造,然不知创自何时,唐大中九年柳本尊出而重修,宋嘉熙年赵本尊复为修建""余闻而悲之思□维摩尊者一生苦行千载道场"。另外,史彰碑中提到,重开宝顶的一个重要原因在于招集流民:"寺盛则民皆安堵,寺废则民尽逃散。如欲招集逃亡,宜先开宝顶。"

除了史彰碑中提到的"上朝峨眉、下朝宝顶",乾隆《大足县志》中提到大足又名"峨眉县",因其"宝顶山又有小峨眉之称",以及"渝州之属邑也,其间名山大观虽不可纪,惟宝顶称诸山之甲",并且在大足八景中有一处名为"宝顶云烟"的景致。乾隆《大足县志》卷二"地理·沿革"中记载:"大足旧名静南县、一名峨眉县、又名棠山县、又名香城州。……其名静南者即唐末之所省入也,其名峨眉、棠山、香城者,以县属宝鼎山有小峨眉之称……"将宝顶山与峨眉山相联系、对比,是对宝顶山佛教影响力的肯定。作为川渝地区最著名的名山大观之一,宝顶山曾经吸引远近僧俗纷至沓来,因为朝拜宝顶可以与朝拜峨眉相提并论,那么其间的朝拜对象也应有相似之处。

乾隆《大足县志》卷二"地理·山川坊里"记载:"宝顶山在县东三十里,有宝顶寺,故名。"卷三"进制·寺观"记载:"宝鼎寺治东北三十里,维摩祖师道场,石壁俱镌佛像,经楼犹存贮藏经,荒敝四十年,康熙二十五年兼摄荣昌令史彰招僧修葺。"可见清代宝顶山圣寿寺又被称为"宝顶寺",而佛湾由明代的所谓"毗卢道场"变成了"维摩祖师道场"。清代重开宝顶时写下的信息,应是来源于明代宝顶山宗教活动的传承,维摩诘也应是明代临济宗管理圣寿寺时出现的新的崇拜对象。

　　关于宝顶山的建造时间和建造者，在清代县志中已经变得更加模糊。乾隆《大足县志》卷二"地理·古迹"记载："古佛岩在宝顶合面石壁高数仞约路里许，画刻诸佛像器物于石壁悬岩间，备极精工，俗传系鲁班手迹，不知创之何代。唐大中年间柳本尊出而重修之，宋赵本尊益以厦廊，历代香火最盛，有'上朝峨眉，下朝宝顶'之彦。康熙二十五年知县史彰招僧开垦……"这则文献中出现了新的人物——鲁班，他被塑造为这群造像的雕凿者。直到今天，大足地区还流传着鲁班与徒弟比试技艺而建造了宝顶山诸多造像和倒塔的传说。因此，宝顶山石刻的建造时间又被大大提前了，但并没有明确的时间点，而柳本尊和赵智凤皆为宝顶山的继承者和重修者。

　　乾隆《大足县志》卷九"隐逸·仙释"记载："唐维摩祖师云，唐时嘉定，柳树生瘿，瘿破师出。州吏见而咤之，遂抱回抚育焉。及长指柳为姓，不荤酒，年十六披剃为僧，居宝顶寺，历诸苦行，重修寺宇。其年八十三卒，人称为本尊，建塔尘之，相传为毗卢佛再世。"柳本尊事迹与宋代乃至明代记述内容相较又出现了一些信息混淆、猜测的内容，如认为柳本尊十六岁剃度为僧，并在宝顶寺修行，还重修了宝顶寺。这些皆是之前未出现过的信息，它与明代之前对赵智凤的描述有重合之处，既有可能是混淆了两者，也有可能是为了与前文所记录的鲁班开创、柳赵传承的信息相对应，而故意将柳本尊的信息做此处理。相对于柳本尊，乾隆《大足县志》对赵智凤身份的记述变化不大，直接转载了席存著所撰铭文的内容："宋赵本尊名智凤，绍兴庚辰年生于米粮之沙溪，五岁入山，持念经咒十有六年。西往弥年，复回山，修建本尊殿，传授柳本尊法旨，遂名其山曰宝鼎。舍耳炼顶报亲，散施符法救民。尝垂戒曰'热铁轮里翻筋斗，猛火炉中看倒悬'。嘉熙年间，承直郎知昌州军事判官席存著为之铭。"

图2-11　清《大足县志》所绘宝鼎(顶)图[1]

　　嘉庆《大足县志》卷一"舆地山川"记载："宝顶山在县东北三十里,有宝顶寺故名。山崖凿佛以亿万计,精巧奇诡,唐宋时工也,今人不能仿佛万一矣。俗呼为古佛湾,有足迹池、灵秋泉、圆觉洞、万岁楼、毗卢庵、孔雀明王洞诸胜。……"这则记录内容更为具体,可能与张澍游览宝顶山所见内容相关。清末大足知县张澍曾游宝顶山,并写下《前游宝顶山记》《后游宝顶山记》,记录了宝顶山在清代的保存状况,还记录了当时所见明代碑刻的具体内容,如今部分碑刻已经不复存在。例如,席存著所撰铭文的内容即是通过张澍的记录为今人所知的,而原铭文内容已经无法辨识了。张澍所写宝顶山游记也是如今研

[1]　王德嘉.大足县志[M/OL].[2023-06-30].国学大师.

究宝顶山的重要参考资料。

通过上述材料的记载，我们可以看出，在明清时期，宝顶山已经开始成为可与峨眉山比肩的进香名山。此后，清代至民国期间，宝顶山的题刻、游记等内容也变得更为丰富，这也反映了当时宝顶山的活跃程度。民国时记载的"香山场"，也就是今天的宝顶老街。民国《大足县志》便有以下记载："场一，曰香山。乡公所及中心学校设香山场圣寿寺……香山场……民国十七年成立，集期二五八日。街一，旧无乡学、会馆。寺庙一，曰圣寿寺，在场口。"即在宝顶山、宝顶寺的影响力下，宝顶山上已经逐渐聚集了居民，形成了长期定居、设施完备的聚落。为何将宝顶居民区定名为"香山场"，还没有找到直接的文献材料，但联系大佛湾造像及《香山宝卷》等内容，可以看出这一时期千手观音信仰对此处的影响尤为突出。

第三节　宝顶山的"圣地"化过程

从南宋至明清，我们在断断续续记录下来的文献中，隐约可以感受到宝顶山在这期间的身份变化。从初建时期"道者赵智凤修行之所"，到明代重开宝顶后被称为"毗卢道场"，再到清代文献中称为"维摩诘道场"，且"历代香火最盛，名齐峨眉，蜀人有'上朝峨眉、下朝宝顶'之语"。至此，宝顶山的宗教影响力不断提升，其宗教价值由私人化、特殊性的道场，逐渐成为更具普遍性的宗教名山。这种转变并非普遍存在于各个宗教场所，而是与宝顶山石刻的存在息息相关的，并且是一个缓慢积累而成的结果。为了更好地理解其中的变化，以及由此而来的影响，我们可以通过"圣地"的概念和相关研究进行分析。

一、"圣地"的概念

在具体讨论宝顶山如何成为"圣地"之前,我们有必要先了解"圣地"的概念及相关研究观点。所谓"圣地"的字面意思即"神圣的地方"。虽然今日我们对这个词十分熟悉,但这个概念并非中国的传统概念,而是由西方宗教系统翻译而来的词汇。

在西方语境中,"圣地"对应的英语有三种:"holy land""holy place",以及"sacred place"。"holy land",拉丁语即"terra sancta",最初专指基督教、犹太教、伊斯兰教的圣地耶路撒冷,之后该词的含义得以延伸,指宗教徒称与教主生平事迹有重大关系的地方,如佛教的发源地、菩萨的道场名山等,亦称与某种宗教有关或被其信众视为神圣的地方。"holy place"的用法与"holy land"的广义概念类似。"sacred place"可以翻译为"圣地、神圣的地方、神圣的处所",而与"sacred"相关的动词"sacrifice",是"牺牲、献祭"的含义,"牺牲、献祭的地方"往往也是与宗教、信仰相关的地方。在文化遗产领域中,后两词均有使用。

中文"圣地"的概念是随着西方宗教传入的,作为与宗教相关的神圣之地的用法也被逐渐接受。在《现代汉语词典》(第7版)中对"圣地"的解释包含两个层面的意思:①宗教徒称与教主生平事迹有重大关系的地方,如基督教徒称耶路撒冷为圣地,伊斯兰教徒称麦加为圣地;②具有重大历史意义和作用的地方,如革命圣地,而"革命圣地"明显是作为"宗教圣地"的意义延伸出来的。

在《世界遗产名录》中,有12处世界遗产在描述时使用"holy place",用于表示该遗产与宗教文化的紧密联系。这12处世界遗产包括中国峨眉山、埃塞俄比亚拉利贝拉岩石教堂、希腊拔摩岛历史中心、伊朗卡布斯拱北塔、意大利皮埃蒙特及伦巴第圣山等等。然而,列入《世界遗产名录》的"圣地"数量实际上远远超出这个数字。世界

第二章　宝顶山的建造和圣地的形成　**57**

遗产中心指出,超过20%的世界遗产都与宗教信仰或精神存在各种联系。

　　文化遗产保护研究的国际组织曾组织过以"宗教圣地"为研究对象的会议、研讨会、主题日活动等。2008年,国际古迹遗址理事会将当年的年度主题定为"宗教遗产和圣地",并在对主题的阐述中写道:"神殿、寺庙、修道院、墓园(necropolises)、圣山和圣树、古代的石碑、石刻、庇护所、路线等等,这些与宗教实践息息相关的遗产地数量众多又十分多元化。这种遗产可以由单独的或者成组的建筑、场所组成,也有可能由庞大、复杂的区域构成,例如圣城、圣地(包括那些由古老地方命名的)以及朝圣的路线。所有这些都是在ICOMOS所关心的'古迹遗址'的范畴中。"[1]

　　而在中国传统观念中没有"圣地"一说,在中国古代历史中,"圣"常与人物相关。第一层意思与"圣"字本身的含义有关。繁体字为"聖",从字形来看,有耳有口。《说文解字》写道:"圣,通也。从耳呈声。"《管子·四时》说:"听信之谓圣。"第二层意思指"聪明,才智胜人",如《师说》中"是故圣益圣,愚益愚"。第三层意思可能也是我们最容易理解的用法,即古代与帝王有关的用语,如"圣上""圣裁""圣谕"等等。对某门学问、技艺有很高成就的人,也用"圣"形容,如"诗圣""书圣"等等。当然也用于称呼宗教中的神明,如"大圣""圣姑"等等。明代王守仁在《谏迎佛疏》中写道"一尘不动,弹指之间,可以立跻圣地",这个圣地是指"圣明的、神圣的境地",而不是指某一个具体的地方。总而言之,中国传统观念中的"圣"往往是作为优秀品质、能力的最高程度,且在使用中多与人相关。

　　但是中国古代确实有与"圣地"相同的概念和系统存在,即"山岳

[1]　STOVEL H, STANLEY-PRICE N, KILLICK R. Conservation of living religious heritage: papers from the ICCROM 2003 Forum on Living Religious Heritage, conserving the sacred [J]. Bmj, 2005, 344(173): d8300.

信仰"。对山岳的崇拜和祭祀行为很早就出现在中国历史中。殷代卜辞中就已经提到通过向山岳祈祷、献祭而祈"求禾""求年"的活动[1]。《周易·说卦传》有"天地定位,山泽通气",《礼记·祭法》中就提到"山林、川谷、丘陵能出云,为风雨,见怪物,皆曰神。有天下者,祭百神",这些是古人对山的根本认识,如《说文解字》所说"山,宣也。宣气散,生万物,有石而高",即山可使地气宣通、散布,且山中可生万物。《山海经》中记载的"昆仑"是"帝之下都",许多神仙、异兽居于昆仑之中,这是早期生死观念和神仙信仰中的神圣之所,正是在此观念的基础上,形成了中国的"五岳",以及道教的四大名山。据《礼记·王制》记载,上古舜帝时天子已经对五岳进行祭祀:"天子五年一巡守。岁二月,东巡守,至于岱宗,柴,而望祀山川。……五月南巡守,至于南岳,如东巡守之礼。八月西巡守,至于西岳,如南巡守之礼。十有一月北巡守,至于北岳,如西巡守之礼。"而在后世,代表五岳的具体山岳虽发生过变化,但是对"五岳"的崇拜却一直存在,尤其帝王视之为政权的象征和保护者,是纳入国家祭典的重要部分。

而佛教在不断本土化的过程中,也与山岳信仰相结合,形成了中国的佛教四大名山。在佛教发源地印度,相关的"圣地"主要是与佛陀事迹相关的地方,如出生地蓝毗尼园、修行成道之地菩提伽耶、初转法轮的鹿野苑,以及涅槃地拘尸那迦。而中国的佛教四大名山皆为菩萨道场,即五台山文殊道场、峨眉山普贤道场、普陀山观世音道场、九华山地藏菩萨道场。中国佛教四大名山的形成就是佛教本土化的重要体现,而四大名山的影响范围早已超出了中国的范围,这也是中国佛教信仰地位不断上升的表现。

---

[1] 陈志东.殷代自然灾害与殷人的山川崇拜[M]// 游琪,刘锡诚.山岳与象征.北京:商务印书馆,2001:47-68.

二、"圣地"产生的条件

人类学、宗教学对"神圣"或"神圣性"的研究较多,如米尔恰·伊利亚德(Mircea Eliade)著《神圣与世俗》、埃米尔·涂尔干(Émile Durkheim,又译作埃米尔·迪尔凯姆)讨论"神圣"概念等等。关于"圣地"的研究,目前国内所见成果主要是法国人类学家、宗教学家的相关论著。法国人类学就"神圣性"如何产生的讨论基本可以归纳为三种观点:一是圣地的神圣性存在于社会仪式和集体意识之中;二是圣地的神圣性来自自然或景观自身;三是圣地神圣性的建构是历史过程,而不是先验性的普遍存在。[1]

涂尔干指出"正是集体仪式创造了圣地",一系列有关信仰的实践活动是圣地之神圣性的首要证据。在涂尔干看来,正是社会关系本身和整体性的"集体意识"共同创造了"神圣"这一概念和范畴。涂尔干认为,宗教一方面与强制性的信仰有关,另一方面与由此产生的仪式相关。涂尔干还认为:"宗教是一种与神圣事物(即被分离出来的带有禁忌性的事物)有关的信仰与实践的统一体,这些信仰和实践把所有的信奉者团结为一个叫作教会的道德团体。"[2]涂尔干强调了宗教是一个集体性事物的特征,而这种集体性的构成和巩固则需要一系列的仪式和措施。"每一组同质的神圣事物,甚或每一个比较重要的神圣事物构成了一个组织的中心,在它的周围凝聚了一组信仰和仪式或一种特殊的崇拜。"[3]

神圣性的显现与世俗性的存在构成了一对相辅相成的要素,两者之间的差异与界限反映了社会的秩序,并构成了宗教的特征。无论何

---

[1]　鞠熙.圣地之"圣"何来?:法国人类学研究空间神圣性的几个方向[J].世界宗教研究,2013(5):183-191.

[2]　埃米尔·迪尔凯姆.迪尔凯姆论宗教[M].周秋良,译.北京:华夏出版社,2000:116.

[3]　埃米尔·迪尔凯姆.迪尔凯姆论宗教[M].周秋良,译.北京:华夏出版社,2000:110.

时何地，神圣事物与凡俗事物都被人们看作互不相同的两大类别，就好比迥然不同的两个世界。而对神圣的判断，也依赖于对世俗事物的区分与排除。虽然强调社会因素在产生神圣性中的根本作用，但涂尔干也不否认自然崇拜的存在，在他看来，自然崇拜不过是集体意识的派生形式或特殊方面而已。就圣地而言，神圣性的存在往往与特殊的自然环境因素相关联，不仅圣地的存在空间本身被看作世界的交界处、人与非人交流的媒介，圣地中的各种自然物（如花和树）也被赋予了象征性的寓意。

还有学者强调自然环境在圣地形成过程中的重要作用。阿方斯·迪普龙（Alphonse Dupront）认为自然感受是人类神圣体验的共有基础，在世界各地，尤其是雄奇的自然景观中，都能看到作为"文化原型"保留下来的原始自然崇拜的影子。他对自然和神圣关系的这一看法，是从其现象学理念和对文化"原型"的探讨中引发出来的。由于"自然具有神性"这一观念的普遍存在，一些人类学者认为，在人类的意识中，某些自然物被先验性地赋予了神圣性。例如，现象学的人类学家认为，人类存在一种共同的原始宗教，它已经将自然神圣化，于是自然成为所有后起宗教的共有原型；而结构主义的人类学家认为，圣地之所以广泛存在，只不过是因为某些自然物更适合表达人类象征性思维的深层结构。迪普龙的观点将人类历史作为一个整体的"长时段"对待，试图解释更为古老的宇宙观。持有相似观点的还有让-皮埃尔·阿尔伯特（Jean-Pierre Albert），他认为，自然景观（如山）成为圣地，是因为它们的形式本身最适合用来表达象征体系的结构。

阿兰·罗杰（Alain Roger）认为，是艺术塑造了我们看待世界的眼光，并影响了我们的行为方式和社会风气，自然只有在被"艺术化"之后，才能成为"景观"并具有美学价值，进而才能唤起我们的情感体验。他还认为，艺术化是人类能够感知景观和进行景观实践的前提条件。

第三种观点的代表学者露丝·哈瑞丝（Ruth Harris）从政治的角度

将卢尔德[1]看作俗人政权共和国的对立面和政治上的反对者,并完全反对关于朝圣的普遍观点,即将其视为一种信仰者被山水景观或圣地所吸引的"休闲娱乐"。她认为,宗教和社会的重大历史事件并不能完全改变圣地崇拜的性质,因为其神圣性的来源是多方面的,单一的历史进程无法全面解释。

在笔者看来,以上诸家观点的不同之处在于研究依据的时代和历史发展阶段有一定差别,从而导致了对"神圣性""圣地"本质判断的不同。早期宗教而言,泛神信仰普遍存在,神秘自然环境、神秘的气象等都是崇拜对象。人类的活动也无法脱离环境而存在,因此对圣地的最初形成过程来说,某种特殊的自然环境相较于其他环境具有一定的优势,即对于神圣感的彰显、宗教仪式的开展和传达有着比别处更好的效果。中国佛教、道教等宗教圣地往往也出现在风景壮丽、优美,但又偏僻、难以到达的山或岛上,可见特殊的自然环境对"圣地"的确定和产生往往是重要的前置条件。此外,"圣地"中暗示的值得崇拜的对象和崇拜者们也是"圣地"形成的必要条件。同时,与信仰相关的各类活动的开展,对"圣地"成为固定的朝圣地也具有重要的作用。"圣地"是信众的"圣地",单个人的认识和活动无法产生具有普遍影响力的"神圣性"和"圣地"。"圣地"需要在集体的认可中形成和不断传播,即涂尔干所说的"集体意识"的创造。最后,"圣地"在传播和发展过程中,还可能受到政治、社会等多方关系的影响。

国内的人类学、社会学学者也就亚洲宗教圣地的产生条件进行了分析。圣凯认为"中国佛教圣地的形成,主要是通过长期佛教信仰传统的积累,通过修学参访、修建寺院、朝圣灵感等方法形成"的。具体到"四大名山"的形成条件,他认为是一个"经典记载、地理形胜、感应

---

[1]　卢尔德市(Lourdes),法国南部城市,因为出现神迹而成为朝圣中心。

传说、塔寺高僧、信众朝圣、国家支持"的综合历史过程。[1]

　　黄心川在研究亚洲宗教的基础上提出了关于圣地形成的观点。他认为宗教圣地的产生与宗教崇拜活动有着密切的关系,并且经历了由分散到集中、从简到繁、从俭到奢的多方面历史发展过程。首先,崇拜活动一般是通过一定的仪式和禁忌,在固定的地点和固定的时间举行,从而形成了最早的宗教圣地。然后,神职人员的出现使宗教圣地活动和管理变得更为有秩序和固定化,最终形成了人为宗教活动中心。[2]

　　黄心川还总结了圣地创立与发展的两方面必要条件。一是软件方面,如某些神话传说宗教的伦理道德说教、僧侣的高深修养等等,即一些非物质的、精神层面的因素;二是硬件,是能够从外观形象上来表达宗教含义的实物,如宗教建筑、造像绘画、雕刻装饰、景观等等。软件和硬件一般同时兼备,互相配合。

　　他进一步指出,古代的宗教圣地主要是教徒修行活动并为教徒服务的地方,与社会的联系比较狭窄,通常只是一些教徒来此朝拜进香或修行参学。在经济方面,圣地的管理机构(寺庙等)则表现了自给自足的庄园经济,有时也得到一些国家的资助或达官贵人和信众的施舍。因此,宗教圣地在社会上的影响主要是通过宗教活动表现出来的。

三、宝顶山的"圣地"化过程

　　具体到宝顶山的案例中,首先宝顶山并不是在建造之初就被当作"圣地"来看待的。如前文所述,在南宋时期,宝顶山被描述为"道者赵智凤修行之所",且这处道场的建造工作并没有全部完成。在南宋末

---

[1]　圣凯.中国佛教"四大名山"的信仰内涵[M]//陈金华,孙英刚.神圣空间:中古宗教中的空间因素.上海:复旦大学出版社,2014:367-378.

[2]　黄心川.世界宗教圣地的形成、发展及其历史意义[J].世界宗教研究,1994(2):21-26.

年,由于朝廷更迭、兵燹之灾,大佛湾北岩的明王造像仓促停工,而这是不是赵智凤设计的最后一组造像也未可知。但可以肯定的是,大佛湾在建造过程中已经在周边地区产生了一定影响力,这在南宋时期的碑刻题诗和对作者身份的描述中可以得到证明。此外,在距宝顶山约40千米的安岳石羊镇有同样题材的造像和居士形象的石刻存在,证明了相同信仰和修行方式在两地的存在。

美国学者安吉拉·法尔科·霍沃研究认为,安岳石羊镇石刻造像是指引信众前往宝顶山朝圣的指示路线,而沿途中的零散石刻点则是朝圣路线中的站点。[1]霍沃认为,宝顶山石刻与中国其他几处大型石窟的不同之处体现在两方面:一方面,宝顶山既是佛教的教育场所,也是献身之处(道场);另一方面,宝顶山是朝圣之旅的目的地。而朝圣目的地的产生与第一个特点(即宝顶山最初的建造功能)是分不开的。在赵智凤的经营下,宝顶山在当时远近闻名,很多人在前往宝顶山的旅行中,不知不觉地促成了这条朝圣之路的产生。虽然没有任何文献资料记录宝顶山作为朝圣之路的确切信息,但是当地的谚语"上朝峨眉、下朝宝顶"却十分有名。此外,也有许多特点和内在功能可以支持这一假设的可能性:首先,朝圣之旅有自己的地方神明,其内在神明即"毗卢遮那佛"的应身。其次,赵智凤和他的助手们通过语言和视觉图像共用的方式来吸引到访者。艺术完全为宗教服务,将难懂的佛教教义通过简化、加工处理的方式以三维视觉的方式呈现出来,并伴有文字格言,既可以吸引知书达理者,也能吸引普通百姓信众。

根据上述观点,霍沃认为安岳石羊镇石刻是在宝顶山同时期稍晚的时间建造的,目的在于引导信众前往宝顶山朝拜。同时,她认为此朝圣的中心是毗卢遮那佛的化身柳本尊。然而,宝顶山石刻虽雕刻精湛、内容丰富,艺术成就极高,但就南宋而言,赵智凤活动的影响范围

---

[1]　HOWARD A F. Summit of treasures: buddhist cave art of Dazu, China[M]. Trumbull, CT: Weatherhill, 2001.

是有限的,除了川渝地区,他的活动可能并没有引起更大的反响。根据目前所掌握的文献资料来看,除了宝顶山的石碑记载,南宋时期宝顶山的情况或赵智凤的事迹仅在《舆地纪胜》这类地理专著中有记录,且记录的内容十分简洁,而在南宋的宗教著作、记录中,或其他与宗教相关的官方或民间资料中,目前均未有发现。相对于宋代形成的其他宗教圣地,尤其是"上朝峨眉、下朝宝顶"中提到的峨眉山,作为普贤道场而闻名。而以柳本尊的宗教影响力,宝顶山难以形成可以与普贤道场相比肩的圣地。虽然赵智凤苦心经营的道场在当地已经小有名气,但是能达到形成朝圣路线的可能性还是比较小的。并且在席存著的铭文中,仅提到"传柳本尊法旨""名其山曰宝顶",以及赵智凤"舍耳炼顶报亲,散施符法救民"等活动,未提及其他。同时,霍沃所依据的"上朝峨眉、下朝宝顶"的说法,在南宋时期是否存在,是找不到任何可靠的依据的。若以清代出现的民间谚语来推论南宋时期石刻建造的影响力,也是站不住脚的。根据现在对川渝地区石刻的考察和研究,笔者更倾向于认为安岳南宋石刻是柳本尊教派的分坛性质[1]。那么在南宋赵智凤时期,宝顶山宗教活动的关注中心是整个大佛湾的设计与建造。而大佛湾造像的重中之重应是能体现其教派信仰的内容,以及能论证其教派存在合法性的诸多造像,如柳本尊十炼图、父母恩重经变相、大方便佛报恩经变相、千手观音,以及穿插在佛湾中的各个卷发人造像。

　　此外,在南宋时期,宝顶山石刻作为当时的当代造像,在神圣性的塑造上存在一定困难,因为当时的人们都很熟悉建造的过程和建造者。雕凿毗卢舍那佛或千手观音的可能正是安岳或大足本地的石匠。石刻的营建可能掺杂着许多世俗的活动,被更多的人视为礼佛或宣传教旨的功能。而只有在宝顶山停止造像建造之后,才有可能使观看和

---

[1]　陈明光、邓之金认为安岳石刻是柳本尊弟子所建柳赵教派在安岳地区的分坛,详见陈明光,邓之金.试述大足石刻与安岳石刻的关[J].四川文物,1986(S1):79-83.

评论的视角发生改变。综上所述,在南宋时期,宝顶山尚未成为一处"圣地"。

但是,南宋时期确实为宝顶山成为"圣地"准备了重要的条件。

第一,赵智凤幼年修行的古佛岩,是一处适合开凿石刻造像的环抱山谷。此处常年气候湿润,年均日气温 17.2 ℃,年均相对湿度82.6%,历年平均日照时数为1314.2小时,为全国日照最少的地区之一[1]。山中更是常常被云雾缭绕,加之山路崎岖,使此地成为一处远离世俗尘嚣的世外之境。

用"场所精神"看待自然景观与人类建造活动的关系,可以看出其背后的规律性。诺伯舒兹认为,自然场所的特性暗示着其"意欲为何",而建筑正是将这种"精神"和"意图"表达、揭露出来。也就是说,在某种程度上,场所的精神和性质决定了其使用方式。宝顶山顶处是一片茂密的山林。丰沛的雨水使这里的空气更加湿润,时常出现的山雾更增加了它的神秘、寂静之感。这也与中国传统观念中的山岳信仰观念一致,具备了神秘的、容纳万物的可能性。山中有可能孕育各类异兽,也可能有仙人居住。然而,这种茂密的山林和湿润的山雾在大足乃至川渝地区是常见的自然特征,宝顶山与其他山林的不同之处,甚至脱颖而出的特点在于大佛湾所在的马蹄形山谷。大佛湾的马蹄形构造实际上形成了一个半封闭的环抱空间(图2-12),而这种"包被"式的场所结构正是人类活动场所的基本形式。这种仿佛是但却不是人工产物的自然环境构成了场所的"神秘"特性,因此更适于营造宗教性质的场所。除了宝顶山大佛湾,另一个十分相似的地理环境也孕育了另一处举世闻名的石窟,那就是阿旃陀石窟,它同样是在包被型的自然山谷中建造的佛教石窟。因此,不论是更早的古佛岩选址,还是赵智凤开建广大宝楼阁,都不会是一个偶然的决定,此处的自然环境可以满足构建一个相对私密的宗教圣地的需求。

[1] 大足石刻研究院,中国文化遗产研究院.大足石刻千手观音造像抢救性保护修复工程前期研究(上)[M].北京:文物出版社,2015:113.

图2-12　宝顶山大佛湾的自然环境（大足石刻研究院供图）

　　第二，包被由边界界定，而正如现象学理论所说，边界不是某物的停止，而是标志着某物从此开始出现。赵智凤一生精心设计筹划、主持建造的广大宝楼阁是宝顶山能成为圣地的一个关键前提。前文中讨论过，宝顶山的建造原本只是一个影响范围相对局限的道场。在南宋时期三教融合的大环境下，道场造像的设计安排极大可能考虑了各类佛教思想和信仰佛教阶层的兴趣。可能是出于提高道场吸引力的目的，虽是传"柳本尊法旨"，但赵智凤所建造的造像远远超出了柳本尊，尤其是大佛湾所凿石刻涉及的宗教思想极其丰富（详见第三章）。这就为后世的解读和使用提供了极为丰富的可能性。当然这种解读的丰富性仍然是建立在佛教信仰基础之上的。如诺伯舒兹所说:"一般而言场所是会变迁的……不过这并不意味场所精神一定会改变或丧失。'稳定的精神'是人类生活的必需条件……任何场所必须有吸收不同'内容'的'能力'。……否则将很快就失效。"[1]当然,宝顶山造像除了内容丰富、构思精妙,其工艺难度、艺术表现水平在川渝地区同时代乃至历代造像中都遥遥领先。霍沃认为宝顶山石刻具有的"纪念性"具体体现在两个方面:一是其非同寻常的尺寸;二是其极为丰富的内容。[2]正是这些不同寻常的石刻使宝顶山石刻即使处于"石刻之乡"也能够脱颖而出。此外,如前文所述,宝顶山石刻的内容不仅体现了儒释道的融合、孝亲观,而且涵盖了佛教诸多宗派的思想。这种内容的丰富性也构成了宝顶山在柳赵教派湮灭于历史后,仍能被新的宗教管理者使用、解读并发挥作用的前提和可能性。

第三,南宋末期宝顶山经历的突然变故也是使宝顶山成为圣地的一个契机。南宋嘉熙年间,赵智凤突然离世,席存著撰文简单地记录了其生平事迹。时值宋末战乱,蒙军不断搅扰四川地区。大足南山保存的淳祐七年(1247年)十月大足县令何光震及多位官员饯送知昌州王梦应碑记中记载道:"昌邻于合……独惜介在山间,距大江几二百里,素无城守兵卫。狄难以来,官吏民多不免焉。加以师旅,因以饥馑。存者转徙,仕者退缩,州县官苟具而可,环千里荆榛矣。……"[3]最终,宝顶山石刻建造仓促停工,不论是当时宝顶山的管理者、使用者还是建设者,为躲避战火纷纷逃离,宝顶山人去山空、湮没于荒野。在

[1]　诺伯舒兹.场所精神:迈向建筑现象学[M].施植明,译.武汉:华中科技大学出版社,2010:18.

[2]　HOWARD A F. Summit of treasures: buddhist cave art of Dazu, China[M]. Trumbull, CT: Weatherhill, 2001.

[3]　淳祐七年何光震《饯郡守王梦应记》碑,见重庆大足石刻艺术博物馆,重庆市社会科学院大足石刻艺术研究所.大足石刻铭文录[M].重庆:重庆出版社,1999:300.

整个元代统治时期,宝顶山没有任何信息保存下来,宝顶山在元代的使用情况也就不得而知。直到元代覆灭,明代建立,宝顶山才再一次回到历史记述中。而此时宝顶山的使用者身份发生了变化。

自南宋末年湮没于荒野,至明代初年再有僧人"重开宝顶",距离建造的时代已过去100多年。从碑文来看,明代人对宝顶山的看法已经发生了一些变化。整个南宋时期都没有提及宝顶山环境的文字。即使在宝顶山留下的南宋题刻、诗碑也都是与其功能息息相关的内容,如宇文屼《诗碑并序》等。《舆地纪胜》也未对宝顶山的自然风光进行描述。然而明代多篇碑文中都对宝顶山的自然环境进行了描述。如刘畋人《重开宝顶石碑记》中写道:"宝顶山距大足治东仅一舍许,岩谷深邃,林壑秀美,丛篁古木,翁郁阴翳,真释氏清净道场之境……"曹琼《恩荣圣寿寺碑》描述"毗卢爱是山独秀于众峰,崒崒中白云冉冉荫蔚蔽天,遂栖焉山之翠微……"此外,宝顶山上还出现了许多游记题刻,说明这时人们开始有目的地前往宝顶山。而到访宝顶山的原因不仅在于此处风景绝妙,更是因为这等绝妙景色是毗卢所爱,是"释氏清净道场之境""毗卢氏脱俗炼形之所"。虽然信仰者被山水景观或圣地所吸引的"休闲娱乐"不能构成朝圣的必要条件,但作为朝圣的附属产物却是必然的。

僧超禅《恩荣圣寿寺记》碑文提到宝顶寺"唐宋年间乃毗卢佛化身柳赵二本尊开建古迹道场"。即是说,在明代柳本尊和赵智凤一同被视为佛教神祇毗卢佛的化身,因此建造宝顶山造像也非人力所为,而是毗卢之功所建"毗卢殿阁"。米尔恰·伊利亚德在谈到"神圣"与"世俗"的界限时认为,宗教徒可以体验到空间的中断,即非均质性(nonhomogeneity),这种非均质性是在神圣空间与其他非神圣空间的对立的体验中体现的,需要任何显圣物[1]表征自己的神圣。这种显圣

---

[1]　米尔恰·伊利亚德.神圣与世俗[M].王建光,译.北京:华夏出版社,2002:中译版序.

物造成了空间均质性的中断,也展示了它与其他所属空间的对立,神圣空间便因此产生。明代时期,宝顶山极具规模、体量和丰富性的石刻造像正是这种显圣物,宣示着它与别处的不同。

此外,明代之后,宝顶山被纳入禅宗僧人的管理中,明确的、更具信众基础的宗派介入,使此山重新具有了秩序,也便于宗教信仰活动的开展,这也是宝顶山能够成为圣地的重要因素。根据宝顶山明代《临济正宗记》碑记载,元末临济宗僧人晓山元亮就在宝顶寺庙开山说法。"本寺乃临济派脉也。自始祖元亮,系陕西平凉人氏。洪武初年居此,传灯无尽。"后惠妙奉命住持宝顶,与惠旭"以协谋重修为己任"。蜀献王朱椿(1371—1423年)永乐十年(1412年)驾临宝顶,又于永乐十六年(1418年)差惠妙前去住持,为宝顶山的再次兴盛做好了铺垫。"辛丑(1421年)正月法堂成,又越十月僧堂馔堂宝殿俱成,后三年甲辰廊庑山门庖廪房舍莫不次第就绪,于是历载以来重修毗卢殿阁石砌七佛阶台,重整千手大悲宝阁,兴修圆觉古洞……"千手大悲宝阁的重修完成应是宝顶山成为朝圣中心的关键因素。如前文所述,观音信仰在宋代完成了本土化的过程,在明代更为普及、兴盛。"弘治癸亥(1503年)秋今皇上以海内平宁宫掖多福乃绘观音水莲画像信以国宝命僧录觉义成完领捧亲置雁堂为诸释弟子供侍"的记载也是明代观音信仰兴盛且宝顶山也重视观音信仰的一个佐证。在明代时期,观音相关的节庆及仪式规范已具有依据。元代禅僧大师中峰明本著的《幻住庵清规》"月进"中明确了观音诞辰及当天应做之事。观音诞辰的确定,即明确了一个"神圣时间"。伊利亚德认为对于宗教徒来说,时间也存在着非均质性,即"神圣时间"和"世俗时间"。在这两种意义的时间中存在着延续性的中断。不过,借助于宗教仪式,宗教徒能够顺利地从普通的、世俗的时间持续过渡到神圣时间。因此,神圣时间可以无限制地重新获得。宗教节日是对原始事件的重新再现,是对一种神圣历史的再现。观音诞辰即"神圣时间"的确定,对于有目的的、集中的、有规律可循的朝圣行为的形成同样十分重要。

这时,作为圣地形成的软件设施(毗卢脱俗炼形、观音信仰、仪式制度)和硬件设施(毗卢殿阁、宝顶寺),以及管理者(临济宗僧人)都已具备。正是千手观音信仰的兴盛、观音诞辰时间和庆祝方式的确定、临济宗接管宝顶、重修宝顶千手大悲宝阁等一系列事件的相继完成,促进了宝顶山"圣地"身份的确定。根据上述分析,宝顶山石刻应是在惠妙等人重开宝顶、重整千手大悲宝阁后,逐渐形成了以"千手观音"为朝圣对象的"圣地"。由于"圣地化"需要一定的时间来逐步确立,所以在明代并没有关于"香会"形成或描述其盛况的文字记录。只有在"香会"的时间、形态相对固定且影响力达到一定程度的时候,才会被认识到并记载下来。因此,在清代史彰《重开宝顶碑记》记中就有了"历代香火最盛,名齐峨眉"的记载。

明末清初,宝顶山再遭兵燹,重开时"僧堂寺烬迄今四十余载",距南宋末年450年左右,距刘畋人撰《重开宝顶石碑记》265年。柳本尊、赵智凤变成了遥远模糊的记忆,而管理寺观、造像的仍是禅宗临济派僧人。在清代碑记、县志等记载中,宝顶山被认为是"维摩道场",柳本尊、赵智凤分别是唐代、宋代重修宝顶山的得道者、毗卢佛化身。在清代文献记载中,宝顶山"历代香火最盛,名齐峨眉","元明香火震炫川东",以至于大足县又被称为"峨眉县""香城州"。这些名称的来由再次证明,宝顶山成为进香"圣地"是在明代期间,而在清代至民国进一步发展、延续,未有中断。直到进入近代以后,随着"文物"概念的形成和意识形态的转变,宝顶山作为宗教圣地的功能才逐渐受到了挑战。

第四节 小结

宝顶山石刻的建造肇于南宋道者赵智凤,建造活动直至南宋末年。作为一个极具地方性的宗教道场,宝顶山的兴建极其重视自身合法性的塑造,集中地反映了南宋时期宗教环境的复杂现象。一方面,作为柳本尊教派的传承者,赵智凤散施符法,甚至炼耳修行;另一方面,大佛湾造像的内容设计涵盖范围极广。赵智凤似乎意在将宝顶山打造成上至士大夫、下至百姓皆能寻得共鸣的道场。宝顶山佛教造像活动持续了整个南宋时期,直到某个突然的原因促使雕刻工作仓促终止,可能是因为兵燹之灾,又或许是因为赵智凤突然离世,使宝顶山道场失去了传承。然而,这种湮没于荒野的圣境并不会被永远埋没,而是在新的使用者手中展现出更大的影响力。

明代时期的宝顶山,一方面,建造者赵智凤和原本的信仰对象柳本尊的身份都开始被"神化",成为"毗卢佛化身";另一方面,宝顶山也由少数人参与使用的道场转变为禅宗寺院,不仅使用者的宗教思想产生了变化,场所的实际使用人数和影响范围都得到了较大的提升。不仅如此,由于受到地方政府的关注,临济宗僧人在政府的支持下对圣寿寺和佛湾进行了重新修缮。这些连同观音信仰的进一步普及、发展,共同为宝顶山成为观音信仰的进香朝圣之地做好了准备。明代之后,宝顶山逐步发展为"名齐峨眉"的进香圣地,并在清代得到了延续和巩固。明清两代历经五百多年的岁月积累,宝顶山及"香会"一直显示了持久的生命力。除作为一种宗教仪式、场所和信仰方式极具价值之外,宝顶山对大足地区民众信仰传统的形成和文化身份的确立同样具有十分重要的意义。

　　"文物"和"圣地"本质上是两个完全不同的概念与事物,但是在载体上存在交会处。正如黄心川所说,"圣地"需要"能够从外观形象上来表达宗教含义的一些物质性东西,如宗教建筑、造像绘画、雕刻装饰、仪式、景观等等"。而这些物质性的宗教建筑、造像绘画、雕刻装饰等在拥有了"历史价值"之后,往往又会成为新的认识对象,并被归入"文物"的概念中。

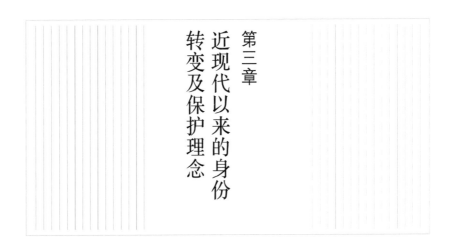

第三章
近现代以来的身份
转变及保护理念

第一节　科学考察与文物保护概念的引入

一、宝顶山造像的科学考察

　　虽然早期的各类报道中都提到"清末、民国又迭遭兵燹,至其长期沉睡青山翠岭不闻于世",直到1945年重修县志和考察团前往。但从宝顶山保存的晚期铭刻来看,即使在清末或民国初期,宝顶山仍有建造活动,游玩者和朝拜者也是络绎不绝。如陈希夷书"福寿"刻于大佛湾北岩西端十大明王下,时间为宣统二年(1910年);同年还有龙必飞书"福寿"及铭文于南岩西端。1913年,龙蜚声书"与佛有缘"并作跋,提到了修建佛缘桥之事,"时逢修桥将竣",1917年,姜秋舫题"游记",等等。这些说明在清末民国初期,宝顶山并没有再次荒芜于山林之间,甚至还在修建新的道路、桥梁,证明当时的宝顶山及圣寿寺应仍处于使用状态。

在杨家骆等人考察大足石刻之前,1939年冬(一说1940年1月)迁至云南的中国营造学社成员梁思成、刘敦桢、莫宗江、陈明达赴川调查古建筑,经潼南转至大足,考察了多处古建筑、摩崖石刻,其中就包括宝顶山(图3-1)。当时考察留下的记录有:"寺在县治东北三十里宝顶山上,原名圣寿寺,创于唐,宋熙宁中改今名。现存门殿五重,及左右廊庑杂舍,范围颇巨,唯仅大殿内铜钟一口,铸于明洪武八年,自余制作,等邹而下,卑不足论。"梁思成此次在大足考察的时间并不长,似乎当时的官方对此次考察也并不知情。此次考察没有形成专门的文章发表,只留下了两段简单的记录,包括大体形制和造像内容。虽然在此次考察的记录中梁思成对宝顶山造像的艺术水准褒贬不一,认为涅槃像"真容伟巨,殆为国内首选",而孔雀明王及右侧杂像布局极凌乱,牧牛图也"不带传说之妙"等[1],但中国营造学社成员一行的到来预示着对宝顶山石刻造像身份价值认知的转变。

1947年,梁思成受邀参加普林斯顿大学庆祝建校200周年举办的国际学术活动,并担任"远东文化与社会国际研讨会"主席。除了以"唐宋雕塑"和"建筑发现"为题进行的学术汇报,他还举办了图片和照片展,并"以从未有人报道到过的四川大足石刻为主题,作了一场讲演"。当时与会的美国汉学家费慰梅(Wilma Canon Fairbank)女士说:"正是他首次把四川大足的雕塑艺术介绍给国际学术界的。"可见,梁思成在此次国际讲演中,已经将大足石刻定位为"宋代雕塑"的代表,并将这些"宋代雕塑艺术"介绍给了国际社会,这无疑是宝顶山近代身

---

[1] 梁思成.佛像的历史[M].林洙,编.北京:中国青年出版社,2010:222.

图3-1　梁先生考察涅槃图（大足石刻研究院供图）

份的重要组成部分。因此，中国营造学社的首次考察也是宝顶山石刻身份认识转变的标志事件。

　　除此之外，近代对于大足石刻来说最重要的一次科学考察便是被不断提及的"己酉考"，即1945年以杨家骆为首的"大足石刻考察团"对宝顶山的科学测量、记录（图3-2）。此次考察被认为是"大足石刻近代第一次科学考察"，将"大足石刻再次带到世人眼前"。此次考察的重要意义为"编制其窟号，测量其部位，摹绘其像饰，椎拓其图文，鉴定其年代，考论其价值，以为可继云冈、龙门鼎足而三"[1]，从而正告国人。这次考察的成果包括摄制电影片一部，拍摄照片200余帧，200余幅，拓碑100余通，编制北山佛湾、宝顶大佛湾石刻目录、部位图各两种，并鉴定其窟名、编定其窟号。与梁思成一行不同，此次考察是以重修《大足县志》为契机，由大足政府邀请组织的一次"科学考察"，因此

[1]　陈尧天,陈典.民国重修大足县志(点校)[M].北京:大众文艺出版社,2008.

图3-2　杨家骆考察团成员在宝顶卧佛前留影(大足石刻研究院供图)

各领域的专家参与众多,成果特别丰富。参与此次考察的专家对大足石刻的评价极高,认为它为"中国艺术史和宗教史添上辉煌的新页"。1946—1947年,杨家骆等人在国内发表了一系列文章,之后在重庆举办了大足石刻照片展览,其他学者也相继发表文章,吸引了媒体的关注和报道。通过各类刊物的发表和展览,宝顶山在全国范围内受到了前所未有的关注。此次考察的成果、日记等悉数被编入县志的首卷《民国重修大足县志》中。

在《民国重修大足县志》中,除了在首卷集中介绍"己酉考",还在"山脉"条中着重介绍了宝顶山,其内容相较之前的县志篇幅更长,"宝顶山在县东北三十五里,香山乡地周回十数里,峰峦骈峙,圣寿寺居其中央最高峰,俗呼'大宝顶',即宋敕圣寿院也。元季兵燹寺废,明永乐时重建,明末流贼之乱再废,清康熙时重建。同治八年,补修寺外方池一所,中露巨石,有明永乐丙午,禁采渔碑,今剥蚀。池左有万岁楼,明蜀献王驾临时造……"[1]这段记载包括宝顶山的地理位置、寺观、历史沿革和代表性景致等等,相对清代的县志更加尊重史实,去除了想象和神化的部分,这也是得益于科学考察的成果。

中华人民共和国成立后,在国家的文物保护政策下,宝顶山石刻也逐渐成为国家重点文物保护单位。1952年,大足石刻保管所(后改为"大足县文物保管所",以下简称"文管所")成立。1953年,大足县政府明文公布保护北山、宝顶等10多处石刻,文管所接收宝顶山圣寿寺。1954年10月,西南人民艺术学院(四川美术学院前身)学生先后四次到北山和宝顶山摄影、绘画、翻制雕像,翻制了包括宝顶养鸡女和吹笛女等经典且富有世俗生活气息的造像,20世纪80年代曾在北京展出。1956年,中国美术家协会组成"四川大足古代雕塑考察团"赴川,进行"以大足石刻为中心的考察",这次考察后中国美术界"大大改观了石窟艺术'唐盛宋衰'的看法"。1961年,国务院在各类文物保护单位中"选择具有重大历史、艺术、科学价值的"公布为第一批"全国重点文物保护单位",其中石窟寺类共14处,宝顶山摩崖造像名列其中。

随着科学考察的开展,宝顶山的石刻造像被越来越多地介绍为"唐宋雕塑",其艺术成就逐渐被认可,并成为"国家级文物保护单位"。然而,原本与宝顶山石刻息息相关的管理者、使用者和圣寿寺却被极大地或有意地忽略了。而实际上,1936年,四川省政务视察员王化云在《大足荣昌政务视察日记》中就提到:"宝顶山每年二月拜佛者十余万人。"可见此时圣寿寺仍然是朝圣中心。从梁思成考察宝顶山时拍摄的照片中也可以看到,千手观音像前立有写着香客名字的功德牌(图3-3)。

---

[1]　陈尧天,陈典.民国重修大足县志(点校)[M].北京:大众文艺出版社,2008.

图3-3　梁思成一行考察拍摄的千手观音（大足石刻研究院供图）

"自50年代起,宝顶香会几经废止,至80年代改革开放后才逐渐恢复……1965年3月,宝顶山香会节前,县人委召开文化、公安、卫生、人武部和城郊区等有关部门、区乡会议,组成宣传工作组,二月香会节期间,赴宝顶山保护文物、开展破除迷信宣传,历时月余左右。至20世纪80年代初期,年年如是。[1]""1975年3月,县革命委员会通知:宝顶山石刻区,'二月香会'期间不对群众开放。"[2]"解放后宝顶香会冷落数十年。80年代大足石刻宣传加强,圣寿寺对外开放,宝顶香会再度兴盛。每年旧历二月十九,县内外到宝顶烧子时香或旅游观光者数以万计……"[3]20世纪80年代的宝顶山香会情况如图3-4所示。

[1]　陈明光.大足石刻档案(资料)[M].重庆:重庆出版社,2012:159.

[2]　陈明光.大足石刻档案(资料)[M].重庆:重庆出版社,2012:161.

[3]　大足县县志编修委员会.大足县志[M].北京:方志出版社,1996.

　　宝顶山石刻成为国家级文物保护单位后,文管所介入了宝顶山石刻的管理。除"文化大革命"期间外,文管所还为宝顶山石刻的保护和研究提供了宝贵的机会和重要的支持。文管所作为一个全新的功能部门,对宝顶山和圣寿寺来说是前所未有的管理机构。大佛湾、小佛湾原本在圣寿寺的管理之下,这种密切的关系,使其在归属单位和使用方式发生变化后,矛盾也随之出现。尤其是在20世纪80年代国家宗教政策缓和之后,僧人逐渐回到寺庙,寺产问题也普遍出现。

　　由于当地对石刻造像的保护,即使在"文化大革命"期间,大足石刻也未遭受人为的大规模破坏,仅宝顶山存在古松柏被盗伐、圣寿寺改为储存、售卖粮食点及油榨房等情况。至1981年夏,为贯彻国务院《关于加强历史文物保护工作的通知》的指示,大足县政府组队对全国重点文物保护单位和四川省文物保护单位的"五山"进行了检查,紧接着发出"宝顶山圣寿寺、宝顶乡粮点和生产队砖瓦厂全部撤出"的通知[1]。20世纪80年代初期,国家的宗教政策也变得更为缓和。1982年,《关于我国社会主义时期宗教问题的基本观点和基本政策》(又称"19号文件")及《中华人民共和国宪法》对有关宗教的内容进行了修改。1983年4月,国务院批转了国务院宗教事务局《关于确定汉族地区佛道教全国重点寺观的报告》,确定和开放了一批汉族地区佛道教全国重点寺观作为宗教活动场所,其中也提到了文物保护单位与宗教场所的协调问题。

　　"文化大革命"后文物政策的调整及宗教政策的放宽,对宝顶山的后续使用和管理产生了重要影响。1983年2月,由大足县委统战部招收的四名僧人连同原来的老僧共五人持县政府宗教科介绍信进入宝顶圣寿寺。僧人突然回到寺院,而文管所也并未撤出寺院,这使整个20世纪80年代宝顶山圣寿寺与文物保护单位之间的矛盾冲突不断,

---

[1]　陈明光.肃清十年"文革"流毒 重新落实保护措施:大足石刻在新中国保护述略之六
　　[N].大足日报,2008-02-22(4).

且双方均不妥协。其间,重庆及大足政府与上级文物部门就有关圣寿寺的管理权归属问题多次来回沟通,却难以形成统一意见。1988年第9期《法音》上发表了一篇题为《赵朴初会长视察四川大足宝顶山就落实宗教政策问题发表重要意见》的文章,文中提到了圣寿寺僧人与大足石刻博物馆[1](当时宝顶山石刻的管理单位,现称"大足石刻研究院")之间的矛盾。时任中国佛教协会会长赵朴初指出"宝顶山是佛教圣地,圣寿寺是大丛林,把圣寿寺改为'大足石刻艺术博物馆',迁走僧人,交给文物部门管理,是不妥当的"。而1991年4月,《中国文物报》也报道了"大足石刻艺术博物馆起诉县政府——重申圣寿寺应归文物部门管属"的新闻。

　　双方的矛盾一直持续到20世纪90年代中期。1996年6月30日,圣寿寺僧人开始打砸闹事,持续月余,将矛盾进一步激化。最终,在县政府的介入下,圣寿寺僧人与博物馆之间的矛盾最终和解,具体形式并未形成书面文件。之后,博物馆向僧人移交了小佛湾前外厢房等房产的使用权,而僧人想争取的千手观音堂则未能如愿。这次调解的结果形成了宝顶山的使用和管理单位的基本格局:圣寿寺归宗教单位使用并管理;大佛湾、小佛湾及其他周边文物归大足石刻艺术博物馆管理。自此之后,圣寿寺仍作为宗教场所使用,由僧人使用,并负责管理和维护;而大、小佛湾等文物由文物单位经营、使用,并负责管理、保护修复和维护等工作。

---

[1]　大足石刻博物馆是在大足县文物保管所的基础上,于1984年8月经四川省政府批准建立,隶属大足县文化局。1990年8月经重庆市政府批准更名为重庆大足石刻艺术博物馆,隶属大足县政府。

图 3-4 20世纪80年代的宝顶山（大足石刻研究院供图）

二、"文物"概念的介入及影响

科学考察之后至20世纪90年代，宝顶山石刻造像的使用和管理发生了与历史上任何朝代都完全不同的转变。这种转变主要依据的是将宝顶山石刻作为南宋时期雕塑艺术文物的认识和研究。"文物"的概念替代了"佛教造像"，成为这一时期公众认识、管理和使用宝顶山的主要角度。对大多数人来说，在20世纪90年代末之前都没听说过"文化遗产"，但对于"文物"一词，民众都并不陌生。关于"文物"一词的出现和发展过程已有文章进行过梳理，简单来说，"文物"及与之相关的词汇构成了中国人看待古代遗存的传统观念。虽然普遍的研究观点认为"文物"作为一个独立的词汇概念直到民国时期才形成和使用，但在此之前，与"文物"内涵相关的词汇的使用和演变却经历了相当长的历史时期。了解这些字词的内涵和用法，对于我们转变认知角度，理解"文物"的价值认知系统和使用方式，都将起到十分关键的作用。

在中国古代，"文"与"物"虽常组合使用，但并非为一个词，也异于今天的"文物"，多表示礼乐、文明或典章制度等含义。《左传·桓公二年》提到"文物以纪之"，"文"与"物"便是指"纹饰、纹样"和"表征"两种不同含义。又如《后汉书·南匈奴传》中所说"制衣裳，备文物"，所说"文物"也是指"体现文明或文化的制度和器具"[1]。虽然我们从"文""物"的古代用法中可以窥知今天"文物"一词所包含的内涵，但并不能通过这些内容了解古人对待"文物"的方式及认识"文物"的角度。通过回溯文物赏玩、研究的历史可知，中国古代用法与今天"文物"相似的词汇应该是"骨董""古玩"等等。这些词的流行又与宋代"金石学"的兴盛有密切的关系。"金石"一词多在古物的研究领域使用，而"骨董""古董""古玩"则主要在古物的流通、买卖和收藏中使用。至民国时期，出现了比较明确的"古物"概念。1913年国民政府内务部制定了《古物陈列所章程》。1914年北平古物陈列所成立，同年11月设立于故宫武英殿的古物陈列所开始对外开放。1928年，国民政府发布《名胜古迹古物保存条例》，将不可移动的"名胜古迹"与相对可移动的"古物"同时列出，这里的"古物"与"古物陈列"的用法相似，主要指可移动的古代艺术品及其他遗存，是其狭义概念的使用。时隔两年，1930年，国民政府又颁布了《古物保存法》，共14条，其中第一条明确指出"本法所称古物指与考古学、历史学、古生物学及其他文化有关之一切古物而言前项古物之范围及种类由中央古物保管委员会定之"，这里的"古物"概念就超出了可移动的范围，成为概括"名胜古迹"和"古物"的宏观概念。1931年，国民政府行政院公布《古物保存法施行细则》，其中第十五条规定："凡名胜古迹古物应永远保存之。"

在民国时期，除了使用"古物"一词，"文物"一词也同时被使用。1935年，北平市成立了旧都文物整理委员会，负责古建筑维修保护与

---

[1] 乔梁，王乐乐. 相关指代"文物"概念词汇的出现与变化试析[J]. 文物春秋，2011(2)：3-7，10.

调查研究工作,该委员会自 1935 年至 1937 年,共修缮重要古建筑多处,如天坛祈年殿、国子监、中南海紫光阁、西直门箭楼、五塔寺、碧云寺罗汉堂等[1]。同年,北平市政府秘书处编辑出版《旧都文物略》,该书收录内容以传统建筑为主,但也涉及了园林、金石、技艺、杂事等,大大丰富了"文物"所指的范畴。1945 年 4 月,国民政府教育部在重庆成立"战区文物保存委员会",12 月更名为"教育部清理战时文物损失委员会"。该委员会制定的《教育部清理战时文物损失委员会组织规程》共 13 条,其中第二条"几乎涵盖、涉及当代各类文物"[2]。 1946 年底 1947 年初,"教育部清理战时文物损失委员会"统计的对象包括历史古迹、书画、古器物、碑帖、珍稀书籍、杂件等等。由此可见,《教育部清理战时文物损失委员会组织规程》所使用的"文物"概念,既包括"不可移动的'文化建筑'和'古迹',也涵盖了可移动的'美术'古书画类和'古物'古器物类,从最后统计分类看,还包括了可移动的'碑帖类''书籍类''杂件类'等,几近当代的文物分类的各大类"[3]。1946 年 10 月,由当时上海市立博物馆研究室主编的,以文物发现、保护和博物馆活动为基本对象的《文物周刊》正式出刊,表明"文物"的概念已得到了普遍认可和使用。该刊自 1946 年至 1948 年共刊发了 80 期,是当时文物研究相关文章发表的最重要阵地。1948 年,梁思成发表了一篇题为《北平文物必须整理与保存》的文章。在中华人民共和国成立前,中国共产党在解放区发布的相关文件均使用了"文物"一词,如 1948 年 4 月,东北行政委员会根据《中国土地法大纲》,在哈尔滨成立东北文物管理

---

[1]　李晓东.民国时期的"古迹""古物"与"文物"概念评述[J].中国文物科学研究,2008(1):54-56.

[2]　文物保护工程专业人员学习资料编委会.文物保护工程专业人员学习资料:法律法规与工程管理[EB/OL].[2022-06-30].中国古迹遗址保护协会网站.

[3]　李晓东.民国时期的"古迹""古物"与"文物"概念评述[J].中国文物科学研究,2008(1):54-56.

委员会,同时颁布了《东北解放区文物古迹保管办法》和《文物奖励规则》法令。1948年11月13日,华北人民政府发出《关于文物古迹征集保管问题的规定》。

中华人民共和国成立后,国家颁布的法律、法规、文件等皆使用"文物"一词。1960年11月17日,国务院全体会议第105次会议通过《文物保护管理暂行条例》,1961年起实施。该条例规定:"在中华人民共和国国境内,一切具有历史、艺术、科学价值的文物,都由国家保护,不得破坏和擅自运往国外。"国家保护文物的范围包括:"(一)与重大历史事件、革命运动和重要人物有关的、具有纪念意义和史料价值的建筑物、遗址、纪念物等;(二)具有历史、艺术、科学价值的古文化遗址、古墓葬、古建筑、石窟寺、石刻等;(三)各时代有价值的艺术品、工艺美术品;(四)革命文献资料以及具有历史、艺术和科学价值的古旧图书资料;(五)反映各时代社会制度、社会生产、社会生活的代表性实物。"《文物保护管理暂行条例》还提出了要进行文物调查工作,确定县(市)级文物保护单位或省(自治区、直辖市)级文物保护单位,并"选择具有重大历史、艺术、科学价值的文物保护单位"向国务院报审作为"全国重点文物保护单位"的管理制度。1982年11月19日,第五届全国人民代表大会常务委员会第二十五次会议通过《中华人民共和国文物保护法》,"文物"的概念第一次通过法律形式给予明确的定义。其第二条规定:"在中华人民共和国境内,下列文物受国家保护:(一)具有历史、艺术、科学价值的古文化遗址、古墓葬、古建筑、石窟寺和石刻、壁画;(二)与重大历史事件、革命运动或者著名人物有关的以及具有重要纪念意义、教育意义或者史料价值的近代现代重要史迹、实物、代表性建筑;(三)历史上各时代珍贵的艺术品、工艺美术品;(四)历史上各时代重要的文献资料以及具有历史、艺术、科学价值的手稿和图书资料等;(五)反映历史上各时代、各民族社会制度、社会生产、社会生活的代表性实物。文物认定的标准和办法由国务院文物行政部门制定,并报国务院批准。具有科学价值的古脊椎动物化石和古人类化石同文物一样受国家保护。"

　　这一时期"文物"的用法已经与今天的普遍用法相同,它的使用可以分为两种情况:一般情况下"文物"单独使用可以指包含可移动的古物和不可移动的古迹在内的广泛含义;另一种情况"文物古迹"并列的使用方式依然常见,可以理解为"文物"(狭义的,主要指可移动的文物)和"古迹",如《关于文物古迹征集保管问题的规定》,也可以理解为作为"文物"的"古迹",如《中国文物古迹保护准则》,主要侧重的是不可移动的文物等。

　　"文物"概念下所反映的价值认知的形成与整个传统观念的发展有密不可分的关系。我们可以看出,在中国传统文化发展过程中,"古物""古董""古玩""古迹"以及"文物"的概念是一脉相承的,在这一系列概念的传承与使用中,最突出的特点或价值是对"古"的强调,也就是具有历史价值。这种历史价值一方面体现在对古代历史、典章、文化、艺术等的研究上,另一方面体现在对先辈的纪念价值上。这是自"金石学"兴盛以来,中国文人对古代遗存价值认知的主要内容。作为审美对象的"古董""古玩",它们的艺术价值也是十分重要的组成部分。历史价值和艺术价值的结合就产生了"古董""古玩"所具有的经济价值。对各类文物的保护、修缮、复制的需求引出对其材质、构造、制作工艺等方面进行研究的实践,这促使了其科学价值的提出和认识。总体来说,在中国传统的文物概念中,历史价值和艺术价值对于判定与认识某物为"文物"具有突出的重要性,之后便由此产生了科学研究价值,如果文物进入市场,那么还有一项重要价值,就是经济价值。当然,文物的经济价值主要受其历史价值和艺术价值高低的影响。

三、宝顶山石刻的"文物化"

前文中提到,梁思成一行及杨家骆一行对宝顶山石刻的考察标志着对宝顶山认识的一个巨大转变。这一转变首先是因为受西方19世纪以后形成的"美术"观念的影响,即"美术"涵盖"绘画、雕塑、建筑和工艺美术"等内容。这就与传统观念下的佛教造像的认识角度产生了变化,即将宝顶山的佛教造像认识为南宋时期的"雕塑"。其"实用功能"被忽略了,转变为了审美角度的认识,也使这一"南宋雕塑"顺利地进入"美术史"的概念中进行研究和讨论。这是西方观念影响下中国美术史观念现代化的一个缩影,也是宝顶山石刻"文物化"的一个开端。

实际上,在考察之前,甚至在考察之时,宝顶山仍作为宗教圣地发挥着长久以来的宗教功能。这一点在《民国重修大足县志》及梁思成一行在宝顶山拍摄的照片中可以清晰地看出。根据清末民国初期的碑刻记载,至少在民国初年,宝顶山还有建造"佛缘桥"等活动。所以并非如一些文章所说,宝顶山在专家一行考察后"始为人知"。但是这种观点所表达的信息,可以理解为宝顶山石刻的艺术价值和历史价值,在科学考察之前是为宗教功能所占有的,而在科学考察之后,一方面,宝顶山石刻被系统整理,"编制其窟号,测量其部位,摹绘其像饰,椎拓其图文,鉴定其年代,考论其价值……",另一方面,宝顶山造像也被作为宋代雕塑艺术为国内美术史领域所关注,甚至被介绍到了国际社会。也正是得益于民国时期的科学考察,对宝顶山石刻(及北山石刻、南山石刻等列入"大足石刻"范围的石刻造像)的艺术价值、历史价值的研究工作才迅速开展起来。在这种环境下,大足县政府迅速成立了大足县石刻保管所,为大足县文物保管委员会的下设单位。1953年1月,宝顶山圣寿寺被大足县文物保管所接收。1961年,宝顶山石刻作为"重大历史、艺术、科学价值的文物"被列为"中华人民共和国第一批全国重点文物保护单位"。

成为"文物"后,宝顶山的实际使用方式发生了以下变化:寺庙功能丧失,研究及保护、修复工作得以开展,进香路线发生变化。

首先,圣寿寺被文物管理部门接收后,僧人被请出寺庙,圣寿寺失去了原本的宗教功能。当时正处于"文化大革命"期间,寺庙不仅丧失了宗教功能,而且往往被其他机构占用,甚至被拆除。据档案记录,1959年全县庙宇调查显示:一方面,庙宇数量由1955年普查的581所减至446所;另一方面,这些庙宇大多被学校、乡政府所占用,少数被农民居住。而宝顶山圣寿寺这一时期也是为香山乡粮点储存、出售粮食所用。之后,甚至拆除了部分殿宇改成了存放粮食的仓库[1]。由此可见,在当时的特殊环境下,圣寿寺不仅原有的宗教功能被迫中断,而且其历史价值和艺术价值同样遭受了极大的损害。

与此同时,由于宝顶山石刻国家级文物保护单位身份的认定,管理者由宗教单位转换为文物保管单位,也使宝顶山石刻的研究工作得以在文管所的管理下组织开展起来。特别是大足石刻研究学会的成立和多次学术研讨会议的举办,推动了大足石刻的多方面研究。这一点在研究综述中已有交代,这里不再重复。此外,文管所最重要的工作就是石刻保护与修复工作。1953年接收宝顶山圣寿寺后,政府即开始"将石刻及庙宇所在地前后左右十丈地区以内的地区,划作公地,以备日后赔修使用"[2]。1953年4月,四川省文化局即拨款6000万元,对宝顶山石刻及圣寿寺殿宇进行了抢修。1956年,国家文物局首次拨款4万元,用于培修宝顶山、北山石窟。此次拨款除了对岩体进行加固、新修排水沟,还修造了大佛湾沿路条石栏杆。"文化大革命"期间,文管所及"群众文物保护小组"(1955年成立)为保护大佛湾免遭破坏作出

[1]　陈明光.大足石刻档案(资料)[M].重庆:重庆出版社,2012:151.

[2]　陈明光.大足石刻档案(资料)[M].重庆:重庆出版社,2012:145.

了极大的贡献。"文化大革命"后,石刻的保护、修复工作又逐渐恢复开展。

自南宋后,大、小佛湾在各朝代均有修缮活动,且在大、小佛湾的碑刻或其他文献中都有所记载。中华人民共和国成立后,虽然文管所进行"培修"的具体做法与历代修缮有相似之处,但就其性质而言,两者存在较大差异:古代的"重修""重塑"是为了宗教功能的再现,或是表达个人的虔诚;而文管所组织的修复工作目的在于保存文物,以及通过修缮满足游客的参观需求。这种修复在保护文物价值的同时,甚至会有意减少宗教因素。这种现象也体现在宝顶山进香路线的调整上。

由于明代以后宝顶香会"名齐峨眉",每逢观音诞辰,周边地区前来进香朝拜的信众甚众。前文提到宝顶山石刻除了大、小佛湾,周边还散落着16处小型造像。邓启兵、黎方银等经过多年考察、研究,认为宝顶山周边散落的造像正位于早期周边地区向宝顶山进香朝圣的路线上。这些分散的造像指示出5条古代进山道路,分别为:"自龙头山脚上山,至坡顶平台,沿大坡、砂坡,过倒塔坡脚南侧,至圣寿寺、小佛湾、大佛湾";"自倒马坎上山,沿大路至山顶平台后,经三块碑、高观音,再经山王庙,至松林坡脚后,沿现礼佛大道,至大佛湾、小佛湾、圣寿寺";"自香纸沟上山,至山顶平台后,过杨家后坡,经菩萨堡,到佛祖岩,再经现桥湾水库,下至杨尚沟,经黎家坡脚,上沟至广大寺,沿游城坡下至大佛湾,由大佛湾到小佛湾、圣寿寺";"自吴家沟进山,经龙堂沟、文家坡,过龙潭,折至大佛湾沟底,至大佛湾、小佛湾、圣寿寺";"分别自潼南和铜梁方向上山,过古佛寺,至对面佛,经香樟沟、豹子坡,沿倒塔坡西北侧至圣寿寺、小佛湾、大佛湾"。[1]

---

[1]　邓启兵,黎方银,黄能迁,等.大足宝顶山石窟周边区域宋代造像考察研究[J].石窟寺研究,2015(1):76-115.

　　这五条线路基本梳理出了周边地区的香客前往宝顶山的大致路线和进香的前后顺序。我们可以看出，无论经由哪条路线上山，朝圣宝顶山的香客们都会到大佛湾、小佛湾、圣寿寺三处，它们共同构成了朝圣宝顶山的主要对象，最终的朝圣之旅将在大佛湾或圣寿寺结束。除了上宝顶山的大路线，进入大佛湾的具体入口也经历了多次变化。从何处进入大佛湾，直接影响着观看和朝拜造像的顺序，因此我们有必要了解大佛湾原本的入口和后期的调整及原因。根据现有材料的记载，我们可以了解早期的入口和观看线路。

　　清代张澍所著《前游宝顶山记》记录下了他到访宝顶的路线，可做参考之一："出东门十余里渐折而北，路渐艮坎，将至宝顶山五里许有孤峰斗绝，在外镌白衣观音像上镌小佛三尊，悬崖覆之，远望西北诸山，如狻猊蹲踞伺扰行人，及抵山隔，路侧有石屋，镌林林央央状狞堪当转而东至山门。门外大石池，方圆三亩许……入则石坊高峙，横书西竺仙境四字，循阶上内为韦驮殿，再进即维摩殿，像极庄严，令人祇竦，再进为观音殿，由维摩殿之右而行有大宝楼阁，即宝顶也，内藏毗卢肉身，阁三层以石砌成……观音殿右出沿缘而上约十弓许为圣寿寺，寺踞山顶，巍峨宏敞……东南小阜有白塔下狭上广无顶……出山门折而西百许步至佛湾。纵观右岩腰镌猛虎下山，势极奔逸……复返至南岩之左，沿崖而西，凡镌牛九头牧童十……"从这段记述中我们可以整理出张澍参观大、小佛湾和圣寿寺，以及进入佛湾后的路线为：先由山门进入小佛湾，出小佛湾后进入圣寿寺，游览圣寿寺后再由山门出"西百许步"行至大佛湾入口，入口处是"猛虎下山"，由入口先观看东岩、北岩造像，再返至南岩，即牧牛图等造像部分。可见清代大佛湾的入口为"猛虎下山"像旁的古阶梯，而当时的北岩和南岩在西侧尚无桥梁连接，因此观看入口以西的造像，需要从北岩按原路折返后方能进行参观（图3-5）。

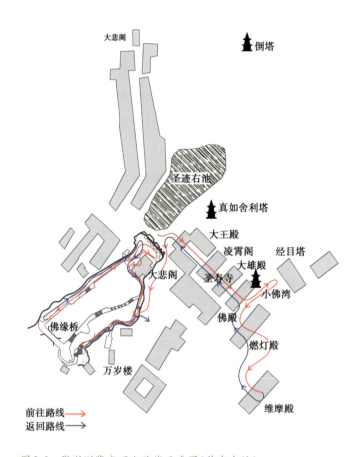

图 3-5 张澍浏览宝顶山路线示意图(作者自绘)

根据文献记录,民国初年修建了佛缘桥,之后北岩、南岩相通,参观南岩西侧造像便不需要原路折返。另根据《大足石刻档案(资料)》记载,佛缘桥下原有一条道路,是化龙乡人进入香山场的通道,即"化龙—大佛湾—小佛湾/圣寿寺",是从大佛湾下方山谷沿阶梯进入大佛湾的入口。

从图3-6可以看出至民国初年之前,进入大佛湾的路线至少有两条:一条是从古石阶下大佛湾;另一条是从大佛湾下方山谷沿阶梯上大佛湾。而这两种进入大佛湾的通道如今都已经不再使用。1959年,

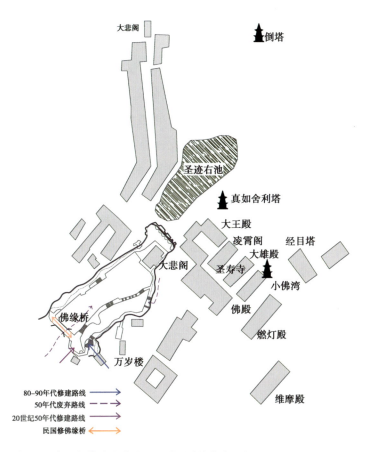

大悲阁

倒塔

圣迹右池

真如舍利塔

大王殿

凌霄阁　　经目塔

大雄殿

大悲阁　　圣寿寺

小佛湾

佛缘桥

佛殿

燃灯殿

万岁楼

维摩殿

80—90年代修建路线　→
50年代废弃路线　⇢
20世纪50年代修建路线　→
民国修佛缘桥　→

图3-6　进入大佛湾路线变更示意图（作者自绘）

出于保护石刻的考虑，佛缘桥下的道路被封，另从大佛湾西部新置阶梯出入。20世纪80—90年代，又从南岩西端铺设进入大佛湾的阶梯。1997年3月，宝顶山文物区辟大道进大佛湾南岩西端入口。入口的改变，影响了观看的顺序，特别是在进行宗教活动时，进入大佛湾的位置和顺序发生变化就意味着仪式和内容都可能因此而变化。而这种变化之所以在宝顶山成为文物后发生，正是减弱其宗教属性的一种表现，因为对作为文物的宝顶山石刻而言，无论从哪个位置开始观看，其历史价值、艺术价值都不会受到影响。因此入口可以随意调整，这种变化在其成为世界文化遗产后再一次出现(图3-7)。

1975年,大足县革命委员会通知:宝顶山石刻区"二月香会"期间不对群众开放,即宝顶山失去了作为宗教仪式场所的功能,一直持续到20世纪80年代初,才再有香会盛况的记录。不过为了保护国家重要文物,80年代之后,架香队伍已经不再被允许进入大佛湾交香。

作为"圣地"的宝顶山,曾长期发挥着宗教功能,同时也构成了它的其他价值。不论是明清还是民国初期,每次重开宝顶皆会先提到宝顶山石刻建自唐/宋时期,可见其历史价值成为后世不断提及的重要价值。而在审美方面,宝顶山石刻在历史上也被游赏者称道,但是这种审美产生的价值,以及历史的多层价值都是服务于宗教价值的。而在文物概念的指导下,宝顶山石刻作为文物本身的价值越加凸显,与作为精神信仰的宗教价值则逐渐分离。

图3-7　20世纪90年代宝顶山入口(大足石刻研究院供图)

　　宝顶山石刻成为文物后，其历史价值得到了延续，其重要程度只增不减。同时，其艺术价值被明确地提出来，并作为重要的价值构成被研究和宣传。当宝顶山石刻被视作南宋雕塑文物之后，观者关注的眼光也发生了变化。对普通游客和艺术爱好者来说，是否能够准确了解造像的宗教含义是次要的。原本在造像群中并不十分重要且在教义中作为警示对象的人物造像被精心筛选出来，如"养鸡女""笛女"等作为南宋雕塑的精品被复制并在多地展出宣传，这些"反映南宋人民生活状态"的造像成为宝顶山石刻的"名片"。除此之外，宝顶山石刻也具有科学价值，主要聚焦于工艺技术层面的特定价值，如岩体积水导流、雕塑工艺等等。对科学价值和艺术价值的强调，也是对其宗教价值的消解。

　　综上所述，有关宝顶山石刻的研究基本上得益于"乙酉考"，即杨家骆一行对以宝顶山为主的大足石刻进行的考察记录，以及此后一系列学者对宝顶山石刻建造年代、建造者、宗派、使用方法和功能的探研活动。这无疑是对宝顶山石刻作为文物的价值的一次重大发现，使这处世外之境为众多当代学者所了解。经过几代学者的考察和研究，我们现在已经基本了解宝顶山石刻的建造信息。

　　以科学考察为特征的"乙酉考"之后，宝顶山经历了身份性质的转变。其宗教功能、圣地属性被逐渐削弱。宝顶山成为大足石刻的重要组成部分，是南宋时期"四川雕塑艺术"的代表，其艺术、历史、科学价值得以提升，成为"国家重点文物保护单位"，并于1999年成功入列《世界遗产名录》。价值认知的转变引起了相应的使用方式、保护方式的重大变化。"世界文化遗产"的申报和保护，则加速了宝顶山石刻的进一步转变，这也是国内宗教相关文物古迹会经历的变化。

第二节　文化遗产概念下的宝顶山

一、文化遗产的概念及发展

如今,人们对"文化遗产"一词已经并不陌生,作为一个年轻的概念,它已经成为讨论一切传统文化、古代遗存、文物古迹时最常使用的一个词。而在研究领域,它的含义也在不断扩大,超出了对物质层面的强调,延伸到了非物质的、精神的等更宽泛的领域。

从词义来看,"遗产"在《现代汉语词典》(第7版)中解释为两个意思:①死者留下的财产,包括财物、债权等;②泛指历史上遗留下来的精神财富或物质财富。类似地,"遗产"的英文对应词"heritage"在《朗文英汉双解词典》也有两种解释:①遗产、继承物;②一个家庭或者群体的传统。即从词义便可得知,"'遗产'源自过去,但指向现世和未来的人,所以对遗产的界定带有鲜明的主观色彩……一个事物是不是遗产、值不值得保留往往成为不同人群间各持己见的问题。在一个相对广泛的范围内通过一定的机制对一个事物是否是遗产取得共识就显得非常重要,这是进行保护和利用的前提条件"[1]。

1960年,埃及政府开始在尼罗河干流上游建造阿斯旺水坝,至1970年完工。该项工程对尼罗河沿岸的古代埃及文物古迹造成了巨大威胁,十年间联合国教科文组织极力抢救文物、呼吁保护,24项文物古迹被迁移或赠送他国,但仍有许多珍贵文物古迹沉入水底,遭受灭顶之灾。阿斯旺水坝建设引发了一系列进行文物抢救活动的国际合作,这些项目的成功大大增加了联合国教科文组织成立国际文化遗产保护组织的信心。加上同步进行的自然保护运动和《人类环境宣言》

---

[1]　马奔腾.文化遗产的保护与利用[M].北京:中国社会科学出版社,2014.

的顺利发布,1972年联合国教科文组织通过了《保护世界文化和自然遗产公约》,"文化遗产"的现代含义在这一公约中得到了根本性的界定。

考虑到研究对象的特点和相关标准的差异,这里姑且抛开"自然遗产"不做讨论。《保护世界文化和自然遗产公约》中对"文化遗产"的经典定义可以概括为:从历史、艺术、科学、审美、人种学或人类学角度具有突出的普遍价值(une valeur universelle exceptionnelle)的文物、建筑群和遗址。同时《保护世界文化和自然遗产公约》也明确了遗产保护的责任主体,即在"本国领土内的文化和自然遗产的确定、保护、保存、展出和遗传后代,主要是有关国家的责任"。"世界文化遗产"的概念也是在此次会议上形成的,认为符合《保护世界文化和自然遗产公约》中所列标准的文化遗产是"世界遗产的一部分,因此,整个国际社会有责任合作予以保护"。保护实践的具体对象便是"世界文化和自然遗产名录"的上榜项目,其评审工作由世界遗产委员会、国际古迹遗址理事会和国际文物保护与修复研究中心等专业机构配合完成。

虽然可以说阿斯旺水坝事件直接推动了"世界文化遗产"的设置和国际保护活动,但是在此之前,欧洲对古代艺术品、建筑、纪念物的讨论由来已久。因此,对"文化遗产"内涵的解释,正是在西方"纪念物"的保护传统和研究成果的基础上形成的,其核心基础在于对经典文物、建筑物和遗址等"物"的状态的关注。而随着国际文化遗产保护实践的发展,作为传承的对象,各民族、地区所继承的"文化遗产"形式丰富多样,现有的"文化遗产"概念已不足以涵盖世界丰富多样的文化遗产现象。在此基础上,国际专家们对文化遗产保护的核心理论,如"真实性""完整性"等原则的讨论也促进了文化遗产内涵的拓展。例如,1994年《奈良真实性文件》从新的角度讨论了"真实性"的内涵。在国际交流不断强调文化多样性和多元化的环境下,文化遗产"真实"的标准必然也是多样的,需要从其所属的文化语境中进行分析和解读。

单一的标准难以呈现世界文化遗产的丰富面貌,对"真实性"的重新认识十分重要,体现了世界遗产委员会对不同文化的尊重和认可。

通过上述内容可以看出,"文化遗产"概念提出和保护实践开展的初期,更侧重于对具有符合欧洲评价标准的、具有突出的普遍价值的遗产实物的收集和保护。我们将这种态度概括为:"遗产"倾向的保护。然而,在"文化遗产"在全世界范围得到普遍认识和保护实践不断开展的过程中,在缔约国不断增加、文化群体日益丰富的情况下,对"遗产"的认识已经不再是主要问题,而是将重点必然转向了"文化",我们可将这种趋势概括为:"文化"倾向的保护。

要理解这种转变,我们需要了解"文化"的概念。"文化"可以分为狭义文化和广义文化。狭义文化,指"有修养者"的知识与品位,是"精英文化"或者"高文化"概念。1972年《保护世界文化和自然遗产公约》中所提出的在历史、艺术、科学、审美、人种学或人类学角度上具有"突出的普遍价值"的文物、建筑群和遗址从"高文化"的角度更容易被理解和阐释。而这一概念显然已经不能够支撑国际范围、多民族之间保持文化多样性的需求,于是对"文化"概念的理解趋向于"广义"的解读。如萨尔瓦多·穆尼奥斯·比尼亚斯所分析的,当文化的概念被认识为广义的"文化",即"'文化人类学'的视角,文化包括任何一个社会群体日常生活的表达,文化并不意味着某种价值评判,也没有好坏、高下、贵贱之分,所有能循迹规范社会群体行为的信仰和知识的事物都能被视为'文化的'",文化遗产所包含的范畴就太宽泛了。正是由于对"文化"概念认识的转变,文化中的"无形"部分也被揭示出来。

1992年,联合国教科文组织发起"世界记忆工程",旨在实施联合国教科文组织组织法中规定的保护和保管世界文化遗产的任务,促进文化遗产利用的民主化,提高人们对文化遗产的重要性和保管的必要性的认识。联合国教科文组织于1997年11月第二十九届大会通过了"联合国教科文组织宣布人类口头和非物质文化遗产杰作"的决议。

联合国教科文组织执委会第154次会议指出,由于"口头遗产"和"非物质遗产"是不可分的,因此在以后的鉴别中,在"口头遗产"的后面加上"非物质"的限定。1998年联合国教科文组织公布了《人类口头和非物质遗产杰作条例》,正式提出了"非物质遗产"这个概念,并和人类口头遗产并列提出。2003年联合国教科文组织第三十二届大会通过了《保护非物质文化遗产公约》。由此,世界遗产的格局基本形成,即"世界文化遗产""世界自然遗产""世界自然与文化双遗产""世界记忆遗产"和"非物质文化遗产"。正如前文所说,联合国教科文组织构建的"世界文化遗产"系统,体现的是以西方价值判断为基础的,即在"高文化"范畴中寻找的所谓的"杰作"。这在1998年《人类口头和非物质遗产代表作条例》中仍然存在,这里的"杰作"(masterpiece)即"大师之作",仍具有"突出的普遍价值"的要求。而2003年的《保护非物质文化遗产公约》提出"设立、颁布并出版一份《人类非物质文化遗产代表作名录》(*Liste représentative du patrimoine culturel immatériel de l'humanité*)",其使用的"代表性"已与"杰作"概念不同,表现出对"文化多样性"的认识和接纳。[1]

《非物质文化遗产保护公约》中也明确提出了"非物质文化遗产"的概念。其第二条"定义"说到在本公约中:"非物质文化遗产",指被各社区、群体,有时是个人,视为其文化遗产组成部分的各种社会实践、观念表述、表现形式、知识、技能以及相关的工具、实物、手工艺品和文化场所。只要认真阅读此条定义就可以明确地认识到,"非物质文化遗产"虽然以"非物质"开头以示与"物质文化遗产"的区别,但它并非完全是"无形的"。其中一个极重要的部分,正是与"非物质文化遗产"相关的"工具、实物、手工艺品和文化场所",即这些工具、实物、手工艺品和文化场所也应该作为非物质文化遗产纳入该概念下的保护实践中。正如李军教授在文章中所指出的,"物质文化遗产"与"非

---

[1]　李军. 对《保护非物质文化遗产公约》的一个误读[J]. 中国文化遗产,2006(1): 8-9.

物质文化遗产"的真正区别并不在于其物质层面,而正是在于是否保存有"非物质"层面的价值,也就是"活的"遗产与"死的"遗产的区别。

但实际情况是,在"非物质文化遗产"概念提出之前,许多的"文化场所"已经被认定为"文化遗产",且倾向于以"物质文化遗产"的标准进行保护、使用。也就是说,在"非物质文化遗产"无形价值的重要性被强调之前,文化场所往往出现了"物质"与"精神"的分离,即表现出由"活的"遗产走向"死的"遗产的趋势。

除此之外,在地方性遗产向更高等级、更大接受范围的遗产概念过渡时,遗产的"特殊性"与"普遍性"问题就显得更为突出了。文化遗产不断追求普遍性,即它对更大的共同体产生的意义,就会"把它从原有的环境中抽离出来,在一个共同空间中,以更好的条件加以保护,但无形之中斩断了它们与原生小共同体的内在联系"[1]。尽管自20世纪90年代以来,我国的文物古迹保护与"文化遗产"概念下的认识体系保持着十分紧密的联系,对列入《世界遗产名录》保持了高涨的热情,但必须认清的是,"文化遗产"概念并不是认识"文化遗产对象"的最高标准。"文化遗产化"的过程,实际是"将原来具有地域社会价值的东西升级到更高层次中的时候,仅仅把经过'提炼'的'精髓'部分作为拥有普遍性价值的'资源'提取出来,而去除那些经过'提炼'后残留下来的'非资源'的要素的一个过程"。宝顶山石刻在申遗过程中,符合国际标准的价值得到最大化的描绘和渲染,而其他原本关系密切的部分,则作为无关紧要的内容被忽视,甚至刻意避开了。宝顶山石刻的宗教功能被历史价值掩埋,鲜活的民间信仰和仪式成了那些被剥离了"精髓"部分后的残留物。然而,作为得以传承数百年的"圣地",其核心的价值便是宗教功能和相关仪式实践的持续。对当地人来说,宝顶山石

---

[1]　李军.文化遗产保护与修复:理论模式的比较研究[J].文艺研究,2006(2):102-117.

刻和与之息息相关的信仰整体，才是作为"资源"存在着的。[1]

二、宝顶山从"文物"到"文化遗产"的转变

我国于1985年正式加入《保护世界文化和自然遗产公约》，"文化遗产"的概念进入中国，国内的文化遗产保护实践自此进入国际领域，文化遗产保护的国际理论、原则也进入国内的文物保护系统，引起了广泛的讨论和思考。1987年，中国入选《世界遗产名录》六处，包括长城、北京故宫、泰山、敦煌莫高窟、秦始皇陵及兵马俑坑、周口店北京人遗址。1990—1994年，黄山、承德避暑山庄及周围寺庙、曲阜孔庙孔林孔府、武当山古建筑群、拉萨布达拉宫历史建筑群列入《世界遗产名录》。世界文化遗产不仅增加了中国与世界交流的途径，同时带动了国内旅游经济的巨大发展，地方财政收入得到了成倍增长。我国各地的文物保护单位的申遗热情得到了极大的鼓舞。1993年11月，四川省文化厅转发国家文物局函：提供申请列入《中国世界文化遗产预备名单》项目有关表格，并同时启动石刻文物区环境整治。1996年，大足石刻申报世界文化遗产的综合性工程正式启动。1999年12月，大足石刻（北山、宝顶山、南山、石篆山、石门山摩崖造像）被联合国教科文组织世界遗产委员会列入《世界遗产名录》，并给予以下评价："大足地区的险峻山崖上保存着绝无仅有的系列石刻，时间跨度从公元9世纪到13世纪。这些石刻以其艺术品质极高、题材丰富多变而闻名遐迩，从世俗到宗教，鲜明地反映了中国这一时期的日常社会生活，并充分证明了这一时期佛教、道教和儒家思想的和谐相处局面。"

一方面，成为"世界文化遗产"后，宝顶山石刻的价值在"世界遗

---

[1]　櫻井龍彦.应如何思考民间信仰与文化遗产的关系[J].陈爱国,译.文化遗产,2010
　　（2）:115-123.

产"概念的阐释下,成为具有"突出的普遍价值"的文物。《世界遗产名录》中对大足石刻的价值体现表述为:

Criterion（i）: The Dazu Carvings represent the pinnacle of Chinese rock art in their high aesthetic quality and their diversity of style and subject matter.

Criterion（ii）: Tantric Buddhism from India and Chinese Taoist and Confucian beliefs came together at Dazu to create a highly original and influential manifestation of spiritual harmony.

Criterion（iii）: The eclectic nature of religious belief in late Imperial China is given material expression in the exceptional artistic heritage of the Dazu rock art.

以上几点可总结为:极高的美学品质和风格的多样性;反映了儒释道精神在这里和谐统一;中国晚期王朝宗教信仰在大足石刻这一杰出的艺术遗产中的物质体现。虽然分列出了三条价值,但实际上可以概括为对其艺术价值和历史价值的表述。如李军教授在讨论文化遗产的"特殊、普遍"维度时,认为文化遗产在向更大范围"扩展的过程中,从正的方面可以说,'文化遗产'的普遍性和公共性在增加;从负的方面也可以说,它的特殊性和私人性在减少"。宝顶山石刻在被纳入"大足石刻"的概念时,已经做了第一次价值的让渡和舍弃,让渡了其作为"大足地区唐宋时期石刻造像"的普遍性,舍弃了宝顶山石刻的具体信息,以及在宋以后的传承、发展和影响。而在依据大足石刻"世界遗产"标准的同时,宝顶山石刻经历了价值的第二次让渡和舍弃,即宝顶山石刻的艺术价值和历史价值为更大的"集体"所接受,因为这是符合其认识范畴、能够迅速理解和接受的对象。除此之外,宝顶山作为宗教朝圣"圣地"的价值也好,作为当地居民身份认知的重要因素也好,都因未在"评价标准"之内,便被"非资源"化了。由于中华人民共和国成立初期的特殊国情,这种情况在宝顶山石刻"文物化"的过程中便有所体现,在"世界文化遗产"体系下往往更为突出,而对世界文化遗产价值普遍性的最重要的展示利用方式便是对该处文化遗产进行旅游开发。

（一）宝顶山石刻的旅游开发

旅游业的开展,确实可以向更多的人介绍、展示作为世界文化遗产的宝顶山石刻,让其价值得到更大范围的认识和欣赏,从而吸引更多的专家学者给予石刻更好的保护和研究。这也是世界文化遗产委员会希望遗产申报国能够实现的目标之一。在申报《世界遗产名录》之前,宝顶山石刻文物区进行了大范围的环境改造,包括:保护区范围内民房、公房悉数拆迁;拆迁建设安置,协调景观;等等。宝顶山石刻文物区就拆迁了一批机关、学校和企事业单位,搬迁了一批农民和居民房屋,并新增了风景区保护绿地331亩。种草、种花、种树、种竹,配套成龙,使所有景观和设施与世界级保护水准相一致。在此期间,宝顶山的道路和入口也进行了整治,先是切湾降坡新建公路100米,修建文物区排水沟,清除废旧物,清除"圣迹池"淤泥10000立方米。

进入《世界遗产名录》后,宝顶山文化遗产的旅游开发速度不断加快、开发范围也不断扩大。2005年,大足石刻宝顶、北山石窟旅游区以"合作开发"名义转让经营权50年。签约双方为"大足石刻旅游业发展有限公司"（甲方）,"大足旅游开发实业有限公司"（乙方）,协议全称为《合作开发大足石刻旅游市场协议书》。当地政府通过组建公司,以市场化、旅游化的手段对大足石刻进行划片经营。至此,国家级文物保护单位和世界文化遗产成为其吸引游客的金字招牌,而大足石刻本身则成为招牌下的待售商品。

在"文化遗产"的概念下,宝顶山石刻被列入《世界遗产名录》并未对其价值的深入阐发或对宝顶山石刻价值的整体认识产生更多的影响。这一身份的转变并未改变其作为"文物"的性质和认识方式,仅仅加速了它作为旅游商品的价值阐释。旅游开发公司的进入,使宝顶山石刻的经济价值被进一步放大。作为旅游商品,其服务的直接对象是游客,而僧侣或信众的需求在相当长的时间内并未得到重视。

然而,在大足石刻成为世界文化遗产后,宝顶山香会节却以民间传统风俗活动的形式再次回到人们的视野中。

(二)宝顶山香会节

在"非物质文化遗产"概念提出后,宝顶山香会节引起了政府的关注。

如前文所述,宝顶山香会节是以千手观音诞辰为依据,在进山进香朝拜观音的过程中逐渐形成的民间信仰活动。元代中峰明本著《幻住庵清规》,在"月进"中明确提到阴历二月的观音诞辰和相关仪式活动:"十九日观音菩萨生日。此日之上供威仪宣疏等略与佛涅槃事同。"至少在明代重开宝顶、修千手大悲宝阁之后,圣寿寺的影响力相比宋元时期大为提高,吸引了更多信众的供奉。且在明代灭亡之前,宝顶山香会节已经在当地具有了较大的影响力,出现了"上朝峨眉、下朝宝顶"的盛况,"香火震炫川东"等。香会节架香仪式在重庆地区传承至今,每年香会节仍会有大量信众前往进香祈福,也从侧面印证了宝顶山石刻和圣寿寺的宗教影响力。

不过,相比宝顶山石刻造像的研究来说,宝顶山香会节的资料十分稀缺,研究性出版物仅有一本——《大足宝顶香会》。这本书对中华人民共和国成立前宝顶山香会节的基本面貌进行了记录,对架香的具体程序、队伍组成、所架供品、交香路线、唱词等都进行了比较完整的记录。目前,要了解宝顶山香会节的情况,该书是唯一途径。

前文中已经对宝顶山香会节的形成过程进行了讨论,这里不再赘述。总体来说,宝顶山香会节的主要朝圣对象是宝顶大佛湾千手千眼观音,朝圣的时间是每年阴历二月初一至阴历二月十九,即在阴历二月十九观音诞辰之前,周边地区的信众会以团体形式前往宝顶山进香。进香团体人数少则几十人,多可至上千人;在进香时,信众会在引香师傅的带领下,排成长龙队伍,持"圣驾""回避""肃静"等开始朝香仪式,过程中会向大佛湾各龛唱诵祈祷,最后向千手千眼观音交香,这种进香活动被称作"架香"(图3-8、图3-9)。根据《大足宝顶香会》记载,中华人民共和国成立前的架香队伍来自不同地区,不同方向的香客大致的朝香路线如下:

"由成都、荣昌、泸州、宜宾等地到达大足县城的香客,从倒马坎上山,在山王庙、高观音处启香;从永川等方向来的香客,从毗卢寺上山;从重庆、铜梁等地而来的香客在龙头山附近上山;从潼南等地来的香客从对面佛上山;从遂宁等地来的香客从古佛村上山;从遂宁等地来的香客从古佛村曹家安启香。"

图3-8　宝顶山香会节前的架香队伍(王子艺2017年摄)

图3-9　架香队伍所持的部分供品（徐琪歆2016年摄）

　　虽然启香后或先进入圣寿寺或先进入大佛湾，但主要活动是在大佛湾进行的，包括在每龛造像前唱相应的颂词祈福，且在每龛前唱诵的内容都视具体对象而有所不同，其中在千手千眼观音前唱诵内容最多，交香亦是在千手大悲宝阁处完成的。这种情况在20世纪80年代后发生了一些变化。

　　从1961年宝顶山石刻被认定为"国家级重点文物保护单位"之后，石刻和宗教的联系就受到了压制，尤其在宗教政策放宽之前，民间架香活动也曾被迫暂停。而在宝顶山石刻成为世界文化遗产后，为了更好地保护文物，大佛湾景区就不再允许架香队伍进入了。这一规定主要是依据保护文物本体的需求而定的：一方面，烧香产生的香灰和有害气体对岩体、彩绘等都有很强的破坏作用，特别是在潮湿环境下，破坏性会增强；另一方面，架香队伍人数成百上千，在佛湾活动很可能造成拥堵等情况的出现。《大足宝顶香会》中记载，两支架香队伍在佛湾相遇可能会产生一些冲突、矛盾,也有可能对石刻产生损害。基于种种考虑,民间架香仪式的场所不得不改变。

　　架香队伍原本在大佛湾进行的唱诵、祈福,一并改在圣寿寺进行(图3-10);交香的地点也由千手观音前改为圣寿寺顶焚香池;交香后,信众也不再进入大佛湾。还有一个细节,张澍在《前游宝顶山记》中记载圣寿寺"殿中塑如来,上有楼木刻晓山和尚卧像",而现在圣寿寺圆通殿中所供奉的是千手千眼观音,且其造像样式都与大佛湾千手千眼观音相同,只是不如大佛湾的造像精妙、庄严。但是这尊千手千眼观音的存在,在信众心中有着与大佛湾千手千眼观音同样重要的价值。

　　除了架香外,香会节的重要内容是烧高香和子时香。这种进香多以个人或家庭为单位的零散香客为主,时间集中在阴历二月十八和十九两天。子时香即阴历二月十九凌晨0:00的时候烧头炷香(图3-11),据说这时进香许愿最为灵验。因此,每年香会节人潮最盛的时间是阴历二月十八晚上到子时及二月十九白天。

图3-10　架香队伍进入圣寿寺佛殿唱诵祈福(徐琪歆2016年摄)

图 3-11　香会节前一晚烧子时香盛况（大足石刻研究院供图）

　　架香队伍上宝顶朝圣的时间较为分散，并不会集中在一个较短的时间，一方面是为了避免产生拥堵情况，另一方面主要考虑圣寿寺的接待能力。根据笔者的观察，参加架香队伍的香客以年长者为主，其活动范围基本集中在圣寿寺、广大寺及其周边。进香多在早上进行，之后参加架香队伍的香客们一般会在圣寿寺食堂用斋饭，午后离开宝顶山。而朝高香或子时香的散香客在宝顶逗留的时间则相对较长。这部分香客一般来自大足城区、重庆市区或其他周边地区，进香往往含有郊游的目的。散香客的年龄相对架香队伍的香客偏小，他们一般都在午后陆续上山，观看香会节的"演出"、逛"集市"、进佛湾的比较少，晚上烧香后下山，外地香客都会在大足过夜。有的香客或十九日当天来，也是进香和郊游的形式。阴历二月十八日和十九日两天，宝顶山景区也有售卖各类香、鞭炮、食物和纪念品的摊位（图 3-12），香会节期间的消费力量便主要是在这两天前来进香的香客。

图 3-12　香会节当天的集市局部（徐琪歆 2016 年摄）

在中华人民共和国成立之后，宝顶山香会节一度被视为封建迷信并屡加禁止。1975年，佛湾在香会期间不对群众开放。这种状态一直持续到20世纪80年代初期。随着宗教政策的缓和及僧人回到寺院开展活动，香会节再度自发组织起来，各地架香队伍重回宝顶山，而文物管理部门并不参与香会节的活动。1997年，大足石刻艺术博物馆在宝顶大佛湾安置电灯，香会节期间晚上也可买票入内烧香。

（三）作为非物质文化遗产的宝顶山香会节

1997年11月，联合国教科文组织第二十九届大会通过了"联合国教科文组织宣布人类口头与非物质文化遗产杰作"的决议。2001年5月18日，联合国教科文组织宣布了第一批"人类口头与非物质文化遗产杰作"，共有19项杰作获得通过，中国昆曲入选。国内研究者在"非物质文化遗产"概念的影响下，开始思考和调整相关的保护措施，非物质文化遗产的调查与研究工作也由此开展起来。

2001年,作为"重庆大足石刻研究会重点科研项目",李传授、张划、宋郎秋等开始对宝顶二月香会进行走访、调查。2005年,《大足宝顶香会》一书出版,该书记录了宝顶山香会节的形式和内容。由于书籍资料主要来自采访所得,因此并没有明确所记录的香会节架香队伍的构成、进香仪式,以及祈福的唱词内容是具体依据哪个年代、哪个地区的情况。与此同时,2003年10月,联合国教科文组织第三十二届大会在法国巴黎通过了"旨在保护以传统、口头表述、节庆礼仪、手工技能、音乐、舞蹈等为代表"非物质文化遗产的《保护非物质文化遗产公约》,并于2006年4月生效。2004年8月,我国加入《保护非物质文化遗产公约》,正是在这一国际公约的刺激下,大足政府对香会节的态度由压制到放松管制继而转变为关注和积极组织。

2006年香会节首次由大足政府主办,大足旅游局、大足民宗办承办。这一届以"香焚宝顶,福满人间"为主题的香会节在内容的丰富程度和规模上都大大提升。香会节期间的活动包括大型灯组展、佛教音乐会、民间歌舞巡游、着装川剧座唱、空中焰火和烧龙、绝技表演、佛事活动(做五十三参、烧子时香)(图3-13、图3-14)。通过此次香会节的举办,相关部门也提出了宝顶香会节申请非物质文化遗产的计划。随后的几年中,当地政府更加重视这一节日,并逐渐将其作为大足乃至重庆地区的一项重要文化活动进行资助和策划。2007年4月,香会节期间,政府牵头组织举办"中国大足宝顶香会旅游文化活动周"。此后数年,香会节便与宝顶旅游节合二为一,进行宣传和运营。2009年9月,重庆市人民政府公布宝顶香会被列入第二批市级非物质文化遗产名录;2010年,大足以宝顶香会为载体,以"千年佛都、非凡大足"为主题,举办了首届大足石刻国际旅游文化节。2014年11月,宝顶香会入选第四批国家级非物质文化遗产名录。如果说之前的活动更多是在"旅游节"名义下组织的,那么在宝顶香会获得"国家非遗"头衔后,香会节的庆祝标题也进行了调整，2017年举办了"中国重庆大足石刻国际旅游文化节暨第838届宝顶香会"。

图3-13　香会节开幕式圣寿寺僧人巡游（大足石刻研究院供图）

图3-14　香会节期间的宝顶老街（大足石刻研究院供图）

在宝顶山成为文化遗产后,其非物质层面价值的重要体现——香会节并没有同时得到保护,而是在数年后新出现"非物质文化遗产"概念后才进入"遗产"的视野。前文对"非物质文化遗产"概念已经进行了分析,也就是说作为非物质文化遗产的宝顶香会实际上不应仅是一种抽象概念上的民间进香仪式,还包括各类具象、有形的物质成分,如参与者所准备的供品、旗幡、装饰,还应包含架香仪式进行的重要场所,即大佛湾。而由于宝顶山石刻成了文化遗产,所以宝顶香会孕育生长、赖以生存的场所已经不允许使用,架香的路线和程序被迫改变,这种改变是信众适应改变的结果,这使香会节架香与宝顶山石刻处于一种若即若离的不稳定状态。实际上,适应后的架香仪式已经不是非物质文化遗产名录中所记录的那样,而宝顶山石刻也成了失去活力的躯壳,成了户外博物馆中的雕塑展品。

第三节　小结

宝顶香会作为圣地的重要因素之一,在遗产化的过程中,成了一项非物质文化遗产。宝顶山成为圣地的各项关键因素彼此分离,另立名目,被不同的单位保护、使用。文化遗产与非物质文化遗产体系的区分,虽然能够明显、快速地区分不同文化遗产对象的特点,使文物的价值得到更充分的认识和介绍,但由于文化遗产概念导致的先天缺憾,以及对非物质文化遗产的理解局限,新的遗产类型的出现导致了对遗产价值认识的限制和分离,使原本完整一体的遗产分割成若干碎片。这种分离保护的认识方式可能导致物质与非物质间的关系越来越远,最终很可能导致宝顶山石刻成为"死的"遗产。

无论是宝顶山石刻被"科学发现"与香会节的分离,还是现在香会节被"再发现",都是在文物/文化遗产理论和价值体系影响下的结果。可以看出在此期间我国对于文物价值的认识、对文化遗产的保护都受到了相关国际组织、理论研究的影响,且呈现出一定的滞后、被动的局面。对文化遗产和非物质文化遗产的概念、理论研究的认识局限性,直接影响了我国的文化遗产的保护实践。

第四章

作为宗教遗产的

宝顶山

　　欧洲国家存在普遍的信仰基础,教堂作为重要的建筑类型,对它的保护、修复、改造活动的讨论推动了欧洲建筑保护的发展进程。关于文物古迹中的精神属性,欧洲学者讨论得比较早。19世纪中期,西方的历史建筑保护者在修复与反修复的争议中已经逐步认识到活态遗产所具有的价值,认为只有通过修复或维护历史建筑的使用功能,才能够达到延续传统文化或宗教信仰的目的。

　　不仅如此,当文化遗产的保护实践进入全球范围时,关于什么是值得保护和传承的文化遗产,就难以在欧洲经验的单一标准下进行评价和筛选。不同地域、不同历史传承的国家,在文化的表现形式和传承方式上存在着巨大的差异。这一点在国际领域的文化展示交流活动中越发凸显出来。在主张文化多元化、重视保护文化多样性的国际背景下,"非物质文化遗产"概念成为"文化遗产"概念的重要补充。而新概念的提出,实际上再次刺激了对文化遗产价值认知的发展和保护观念的转变。

第一节　"死的"文物和"活的"遗产

19世纪末,比利时建筑师路易斯·克劳奎特(Louis Cloquet)将哥特建筑推崇为一种理性结构体系,并将古迹分为死去(dead)与活态(live)两类[1]。前者主要为已经失去使用功能的遗址、废墟等,其价值主要集中于文献方面,在保护方法上以维持现状为主;后者则是仍然为当代人所使用的历史建筑,并兼具纪念与使用价值,因其具有使用功能,在保护的同时则可进行修复。这种分析不仅将文物的主要价值区分开来,还给出了相应的使用和保护方式,具有较强的可操作性。

克劳奎特并非提出该分类原则的第一人。早在19世纪初,意大利圣卢卡学院院长安东尼奥·卡诺瓦(Antonio Canova)就主张将保护古迹的工作限制在最小需求限度内。例如,在19世纪初罗马大斗兽场(Colosseum)的保护案例中,他说出"保护工作的目的不是修复,而是对所有真实的历史古迹的所有碎片进行保护"[2]的言论。卡诺瓦的态度也是意大利人对待文物古迹保护问题的代表性观点,他们主张给予文物古迹最大的关心和最有节制的干预,即使对待沦为废墟的古迹,主要的保护手段也应是保存现状,而非过度修复。而英国的乔治·吉尔伯特·斯科特爵士(Sir George Gilbert Scott)在为自己的教堂修复进行辩护时也发表过相同的言论,在1850年发表的题为《一份关于忠实修复古代教堂的请求》中,斯科特提出两种区别对待古代建筑的方

---

[1]　JOKILEHTO J. A history of architectural conservation[M].London:Routledge,2002:250.

[2]　尤嘎·尤基莱托.建筑保护史[M].郭旃,译.北京:中华书局,2011:106.

法:其一,可将已经失去原有功能的古代构筑物与遗迹视为古代文明的证据,无论损坏到何种程度都应保持现状;其二,作为上帝寓所的教堂在考虑其继续使用的情况下,则应尽可能修复到适合的样式以达到向公众展示的程度[1]。斯科特的观点实际在于强调第二种情况,即对仍发挥原有作用的宗教建筑,需要在修复时考虑其功能性。这种观点是对欧洲大量使用中的教堂建筑该如何进行修复的思考和反馈,逐渐被更多的建筑师所接受,为之后的建筑修复提供了辩证的保护思路。

1904年第六届国际建筑师大会通过的《马德里大会建议》是最早确定建筑保护原则的国际化文件。《马德里大会建议》明确提出应将文物古迹分为两个类别:"死古迹",即那些属于一个逝去的文明或用途已荒废的古迹;"活古迹",即那些继续服务于其原始建造用途的古迹。其分类不同,对待方式也有所区别,主要有以下三条:

①应该以为了防止其破败成为废墟的不可缺少的加固方式而保存死的古迹,因为此类古迹的重要性在于其随着古迹的消亡而消失的历史与技术价值。

②活古迹应被修复到可被持续使用的状态,因为建筑功能是美的基础之一。

③此类修复应达到古迹的原始风格,古迹由此可保持其统一性,形式的统一也是建筑美的基础之一,可完美复制原始的几何形式。如果古迹中存在不同风格部分,且它们具有内在的价值并且不损害古迹的美学均衡,应该尊重这部分内容。[2]

1931年在雅典召开的第一届历史纪念物建筑师及技师国际会议上通过了"修复历史性纪念物建筑"的《雅典宪章》,并提出三个基本保

---

[1] 尤嘎·尤基莱托.建筑保护史[M].郭旃,译.北京:中华书局,2011:223.

[2] 内容可参考 LOCKE W J. Recommendations of the Madrid conference[J]. The architectural journal: being the journal of the royal institute of british architects (RIBA), 1904, Third Series XI: 343-346.

护原则,其中提到应通过使用的方式保持文物建筑的生命:"为了延续文物建筑的生命,必须继续使用它们。但使用的目的是保护它们的历史和艺术特性。"[1]考虑到很多文物古迹的功能在历史发展的过程中已经发生了巨大的变化,或是建筑直接被废弃等情况,这里对使用的具体依据没有进行限制,即保留其原本的功能来进行使用,或是为"保护它们的历史和艺术特性"而放弃原本功能、改为其他的使用方式,都可视为对文物建筑生命的延续。

1976 年 11 月,在肯尼亚首都内罗毕召开的联合国教科文组织第十九届大会上通过的《关于历史地区的保护及其当代作用的建议》,即《内罗毕建议》,提出了"整体保护"的核心思想,定义了历史地区的概念和所包含的类型,并进一步强调了历史地段在社会方面和实用方面所具有的"普遍价值",把历史地区的保护同现代社会生活相结合。而这一建议也被认为是 1972 年联合国教科文组织大会第十七届大会所通过的《保护世界文化和自然遗产公约》的进一步深化。

在"整体保护"原则的基础上,《内罗毕建议》对历史地区及其周围环境的保护内容进行了新的释义与概念上的拓展。其中,"环境"一词被解释为:"影响观察这些地区的动态、静态方法的、自然或人工的环境。"并在"总则"第 3 条中指出:"每一历史地区及其周围环境应从整体上视为一个相互联系的统一体,其协调及特性取决于它的各组成部分的联合,这些组成部分包括人类活动、建筑物、空间结构及周围环境。"从上述描述中,我们可以看到这时人们对文物古迹的范围和保护对象的认识早已超出了物质性本体的保护模式,将人类的活动、居民生活,以及更大范围内的城市空间结构都纳入了保护范围,从而更加注重文物古迹、存在环境,以及人类生活之间的有机互动关系。"整体保护"的原则有助于我们研究和思考文物古迹得以传承的文化根源,

---

[1]　联合国教科文组织世界遗产中心,国际古迹遗址理事会,国际文物保护与修复研究中心,等.国际文化遗产保护文件选编[M].北京:文物出版社,2007.

以及考虑其向未来传承的合理途径。

通过前文的梳理可以看出，文物古迹的"活态"成分，尤其是与宗教相关的使用功能很早就为文化遗产保护实践者所认识。《保护世界文化和自然遗产公约》中也有涉及文物古迹活态无形价值的部分，如在筛选标准的第六条提到"与具有突出的普遍意义的事件、活传统、观点、信仰、艺术或文学作品有直接或有形的联系。（委员会认为本标准最好与其他标准一起使用）"。但真正让无形的文化遗产引起广泛关注的，还是要归功于对"文化多样性"的强调，以及"非物质文化遗产"概念的形成。这也促进了文物古迹保护领域对其"活态"价值的关注和尊重。1999 年，国际古迹遗址理事会澳大利亚国家委员会对《巴拉宪章》进行了再次修订，诸多与保护、修复相关的名词概念都进行了重新释义。在保护理念上也提出了新的认识，如《巴拉宪章》提出了以"场所"（"Place，指地点、区域、土地、景观、建筑或建筑群，也可以包括组成要素、内容、空间和风景"[1]）为核心的文物古迹保护理念，从而将文物古迹与所在环境，以及不同的社会群体更加紧密地联系在一起。与之前的保护区（Area）的概念相比较，场所的概念显然包含了更多非物质性内容，并可反映出这一地区的历史文化面貌。同时，《巴拉宪章》中也提出了一个关于"文化意义"（Cultural significance，《国际文化遗产保护文件选编》中译为"文化重要性"）的概念，"指对过去、现在和将来的人们具有美学、历史、科学、社会和精神价值。文化重要性包含于遗产地本身、遗产地的构件、环境、用途、关联、含义、记录、相关场所和物体之中"。且《巴拉宪章》认为，"场所"对不同个体或团体来说可以有着不同的意义。"场所"概念的确定不但涵盖了各种遗产形式的类型，而且将遗产的有形和无形两个方面的元素都纳入了文物古迹的保护范围。另外，《巴拉宪章》建议采取更加谨慎的态度来面对文物古迹

---

[1] 联合国教科文组织世界遗产中心，国际古迹遗址理事会，国际文物保护与修复研究中心，等. 国际文化遗产保护文件选编[M]. 北京：文物出版社，2007.

的改造工作,同时也倡导"保护为主"和"最小干预"的原则。

在以上文件的基础之上,2005年,国际古迹遗址理事会第十五届大会通过了《西安宣言》,文件进一步强调了保护主体与周边环境的关系问题,同时也是对"非物质的价值和内涵"的肯定。《西安宣言》对"周边环境"这一概念给予了最全面的定义,强调"整体性",几乎包括了所有自然景观和人文景观相联系的事物:"除了实体和视角方面的含义之外,周边环境还包括与自然环境之间的相互关系;所有过去和现在的人类社会和精神实践、习俗、传统的认知或活动、创造并形成了周边环境空间中的其他形式的非物质文化遗产,以及当前活跃发展的文化、社会、经济氛围。"

另外,《西安宣言》明确提出了非物质属性对于文化遗产的重要意义。"不同规模的古建筑、古遗址和历史区域(包括城市、陆地和海上自然景观、遗址线路以及考古遗址),其重要性和独特性在于它们在社会、精神、历史、艺术、审美、自然、科学等层面或其他文化层面存在的价值,也在于它们与物质的、视觉的、精神的以及其他文化层面的背景环境之间所产生的重要联系。这种联系,可以是一种有意识和有计划的创造性行为的结果、精神信念、历史事件、对古遗址利用的结果或者是随着时间和传统的影响日积月累形成的有机变化。理解、记录、展陈不同条件下的周边环境。"

从上述文件中,我们可以看到文化遗产(物质文化遗产)价值认识的发展同样经历了一个从本体到区域环境再到整体环境的过程。文化遗产的价值早已经不单单是艺术、历史、科学这些基础的层面,而是涵盖了其所体现的身份和功能,以及由此产生的社会、精神、文化等各个层面的价值和影响。从最初仅关注遗产的物质性到注重遗产的非物质因素,这就是前文中提到的从"遗产倾向"到"文化倾向"的转变,这也是文化遗产发展的必然趋势。在这一过程中,对活态文化遗产的关注要求我们用更具体的分类来研究、思考其保护和传承等问题。

第二节　宗教遗产的提出

　　上述文化遗产保护观念转变的本质反映了价值观念的变化,这种变化从根本上来说是由历史观念和文化观念的差异造成的。因此,对待同一遗产对象的态度也会根据历史阶段的不同或保护主体的变化而产生巨大的差异。同样,人们对文化遗产的认识也不是一成不变的,随着文化遗产保护、认识观念由表及里、由强调"遗产"到强调"文化"的转变,人们势必会对不同价值特征的文化遗产进行更具体的划分和研究。在这种趋势下,宗教遗产概念的提出,对宗教相关文化遗产进行有针对性的讨论正是对文化遗产保护需求的回应。

一、宗教遗产的概念

　　通过前文的讨论可以看出,文化遗产的概念和评价体系提出后,不断通过各类宪章、文件、宣言等来补充和完善其内涵,以期尽可能完整地保存文物古迹的价值。这个过程不仅体现在对保护的环境范围的扩大,还尤其强调对文物古迹功能和精神层面的无形内容的认识。同时,世界文化遗产的实践发展和保护世界文化多样性的现实需求,催生了"非物质文化遗产"概念,它不仅扩展了"文化遗产"的范畴,也反哺到对文化遗产保护的价值研究中。我国在2015年对《中国文物古迹保护准则》内容的修订正是顺应了这一转变过程的结果。具备上述特征的文化遗产中,宗教遗产极具代表性,它们不仅兼具物质和非物质的价值,而且在世界文化遗产中占据相当的比重,是世界各国普遍存在的遗产类型。因此,对这一概念的讨论和对这类遗产保护措施的研究也在此过程中被明确地提出,为活态文化遗产的整体保护提供了丰富的案例。

　　2003年,国际文物保护与修复研究中心在罗马召开了主题为"活态遗产:保护圣地"的国际论坛,并发布了《保护活态宗教遗产》(图4-1)。国际文物保护与修复研究中心希望在此次论坛讨论的基础上,能够逐步建立起基于多文化保护实践的"活态遗产保护方法"(Living Heritage Approach),保护的核心取决于"社区在遗产决策中的话语权"。论坛讨论中提到,对于宗教类文化遗产的保护甚至可能不惜以物质替换来保证其功能的延续,这种传承方式也是对其文化价值的阐释,应尊重文化遗产的保护主体对地方与民族文化的表达与实践。这次论坛更有针对性地讨论了宗教遗产的特点、内涵和保护方式。

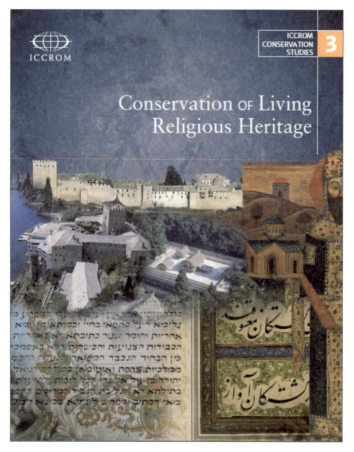

图4-1　2003国际文物保护与修复研究中心发布的《保护活态宗教遗产》文件封面

加米尼·维杰苏里亚(Gamini Wijesuriya)认为,宗教遗产与世俗遗产的区别在于其内在的/固有的"活态性"。"例如,象征活着的菩萨的佛塔所具有的宗教价值只有通过对其物质的不断地翻新的过程才能保持。为了保证形式的连续性,'活态的'遗产价值相对于我们所熟悉的'记录/文本'或'历史的'遗产价值更应该被重视。"[1]而保护的首要目的是基于不断"重现遗产所赋予的文化意义、内涵和象征性"的过程,保证"形式的连续性"。

稻叶信子(Nobuko Inaba)提到,鉴于"活态的"可能被理解为"死的"反面,指仍在使用的场所(place),或者,表示在特定定居地(site)或附近有居民的存在。就像加米尼·维杰苏里亚所指出的,对宗教遗产的"活态"层面的关注点在于努力要超越"对于纪念性遗产的物质导向的保护实践",以及关注"遗产价值的与人相关的/非物质层面的价值,并且尝试与周边的社会和环境相联系"。稻叶信子进一步表示,"活态遗产的成果可以被认为是现代化和全球化之前的传统生活"[2]。

2008年国际古迹遗址理事会以"宗教地产和圣地"为年度主题,促进了国际范围对此类文化遗产的关注和讨论。国际古迹遗址理事会在主题阐述中提出:

"神殿、寺庙、修道院、墓园(necropolises)、圣山和圣树、古代的石碑、石刻、庇护所、路线等等。这些与宗教实践息息相关的遗产地数量众多又十分多元化。这种遗产可以由单独的或者成组的建筑、场所组成,也有可能由庞大、复杂的区域构成,例如圣城、圣地(包括那些由古

---

[1] 笔者翻译,内容可参考 WIJESURIYA G. The past is in the present[M/OL]. ICCROM,2003:31.[2022-06-30].中国古迹遗址保护协会网站.

[2] 笔者翻译,内容可参考 INABA N. The Ise shrine and the Gion festival: Case-shudies on the values and authenticity of Japanese living religious heritage[C]//Conservation of Living Religious Heritage, Accdemia Nazionale dei Lincei, 20-22 october 2003. Paris: ICCROM,2005: 44-57.

老地方命名的)以及朝圣的路线。所有这些都是在国际古迹遗址理事会所关心的'古迹遗址'的范畴中。

　　"我们不应忽视物品、档案、文件的重要性,当然也不能忽视宗教仪式、仪规、传统和其他无形文化遗产的形式,它们赋予这些"圣地"(scared places)以真实和意义,反映着与其相关的宗教实践。"

　　国际古迹遗址理事会通过这次年度主题,扩展了它所关注和保护的"古迹遗址"范畴,将与之相关的非物质层面价值涵盖其中,通过这种方式提醒文化遗产保护领域的从业者们重新认识古迹遗址的真实性和完整性。

　　国际文物保护与修复研究中心和国际古迹遗址理事会是世界遗产委员会大会的两大专业培训组织,在世界文化遗产的评价、筛选、监督等方面具有直接的影响力。因此,两大组织对宗教遗产的关注和讨论,反映了世界文化遗产保护的发展趋势。

　　紧接着,2010年联合国国际文化和睦年也将宗教遗产作为主题,一方面强调了宗教遗产在世界文化遗产中的比重极大,以及宗教遗产对世界文明和文化多样性的重要贡献;另一方面,联合国呼吁进一步探讨宗教文化遗产的价值认知,以及保护、管理方式。国际文物保护与修复研究中心网站有关2010年国际文化和睦年的宣传首页上写道:"由于文化包含着生活方式、相异的聚居形式、价值体系、传统和信仰,因此保护和促进其丰富的多样性将使我们面对地区、国家和国际层面间的挑战。它涉及在所有政策方面的对话和了解的整合原则,特别是教育、科学、文化和政策,同时希望纠正那些有缺陷的文化表象、价值观念和陈规旧习。""理解宗教和神圣遗产的连续性特点,有能力保护其真实性和完整性,包括其特殊精神意义,共享我们共同的历史知识,是建立不同社群间互相尊重、平等对话的三大必需支柱。"

　　2013年,国际文物保护与修复研究中心在韩国首都首尔召开了以"保护圣地"为主题的亚洲佛教文化遗产论坛(Forum on Asian

Buddhist Heritage：Conserving the Sacred）。国际文物保护与修复研究
中心与韩国文化遗产管理部（CHA）开启了一个新的项目，以讨论聚焦
亚洲各类主题文化遗产的保护和管理。这次论坛在主题介绍中提到：
"佛教遗产构成了亚洲地区普遍存在的宗教群。其特点从考古遗址到
活态寺庙各不相同，还包括了大量的收藏品及不计其数的相关传统、
实践和节日。其中一些保存了几个世纪，至今仍然发挥着作用，例如
有精神意义的场所及朝圣。它们确实是知识、许多人的生活方式的巨
大源泉，反映了亚洲的文化和文明。"

　　以上的讨论、文件等，虽然没有明确地给出定义，但是宗教遗产和
圣地的基本特征已经被普遍地接受，即连续性（continuity）、完整性
（integrity），以及宗教社团（community）的存在。连续性，即宗教遗产所
依赖的信仰形式、仪式、仪轨等是持续存在的；完整性，即作为宗教遗
产的无形因素（如信仰内容、仪式、仪轨等）及物质实体（如相关建筑、
雕塑、场所等）都属于其保护范畴；宗教社团，即作为宗教遗产的主要
使用者，在宗教遗产的保存和保护中扮演着重要角色。

二、宗教遗产的价值构成

　　宗教遗产与普通物质遗产的不同之处在于这一遗产类型更多地
与人们的心智活动（精神信仰）有直接关系，并且当这一崇拜对象受到
损坏的时候人们首先会选择将其修复。而这一选择无论在西方还是
中国古代都是一致的。有着虔诚信仰的人们不会允许他们的神灵或
者神灵的居所呈现一种破败状态，在广大信众看来这直接与信仰的虔
诚度挂钩。约翰·拉斯金作为英国维多利亚时代的贤哲就曾对同时代
的艺术（绘画、雕刻、建筑）所具有的价值进行了非常深刻的分析和评
判。在《建筑的七盏明灯》（*The Seven Lamps of Architecture*）中，拉斯金
总结出的七条原则将教堂及重要公共建筑纳入道德伦理的层面予以
评述，将建筑置于"上帝的寓所"的位置，是向上帝的"献祭"，是诚实与

否的直接表现。

　　奥地利著名艺术史家李格尔在 1903 年发表了 *The Modern Cult of Monuments: Its Character and Its Origin* 一文,李格尔在这篇论文中指出了文物的各种价值类型,以及各个价值之间的联系与矛盾,为我们认识与评判遗产的内在价值提供了一套方法论。

　　首先,李格尔认为文物的价值大体上可以分为两类:一类是纪念性价值;另一类是现今的价值。他认为有宗教信仰活力的文物所拥有的价值不是一种"有意为之的纪念性价值"(Intentional Commemorative Values),而是属于"现今价值"(Present-day Values)。这是因为崇拜的对象并不是文物本身,而是它所代表(寓意)的神,是永恒的神以某种形式寄住于这一暂时性(即便是石头或金属也是容易风化或锈蚀的)的人工制品中。宗教文物的价值首先表现为使用价值:"维护建筑被使用的需求和尊重年代价值并任文物自生自灭的相反要求一样,是一种驱使性的要求。"他还认为只有这些文物被同等的制品置换下来后,其年代价值才有可能被认识。因此,我们可以说宗教文物的时间特征永远是当下(现今)的。

　　其次,宗教文物具有艺术价值。李格尔将艺术价值分为新物价值和相对的艺术价值。李格尔认为宗教艺术品本身兼具了信仰崇拜对象与艺术品的双重身份。李格尔认为新物价值是一种本质性的艺术价值,即色彩和形状都完满。这就是说一般情况下,宗教艺术品是人们都可欣赏的对象,是作为一件形状与色彩都完好无损的、独立存在而呈现的艺术品,"任何古老、残缺和褪色的东西都是难以作为美的艺术品为大众接受的"[1]。按照以往大众的审美经验,当宗教艺术品作为普通文物被观赏时,它也应符合人们的喜好与品位,即艺术品本身也是作为一种新物出现的。它同样会要求艺术品具备完好的形体与色泽。由此判断,新物价值对普遍历经数百年的宗教文物来说是合适

---

[1]　卢永毅.建筑理论的多维视野[M].北京:中国建筑工业出版社.2009:280.

的。同时,李格尔也认为"宗教艺术与世俗艺术具有相同的根基,在近代各时期之前并无类型的区别"[1]。

也就是说,宗教文物的使用价值是首要的,这种使用价值就要求其"新物价值"突出。西方在进行宗教改革之后,新教以上帝直接现身拯救人类的形式而出现,而传统的天主教则为维持自身作为代言人的身份而继续主张上帝的超自然性。因此,天主教坚决反对艺术家按照自己的想象将上帝形象化,同时教会也在持续地为其所保有的基督教艺术的正当性进行辩护,将人所能达到最高的礼遇、尊严和赞美都给予了与神相联系的人工制品(艺术品),并要求这些宗教艺术品在形状与颜色上都具有绝对的完整性。[2]这便是新物价值与年代价值产生矛盾的深层原因,但李格尔认为对于新物价值的坚持更多地展现在那些乡村牧师的意识里,而乡村牧师的这一观点又是"素质低下的民众只能欣赏初级艺术"的反映。他并不认为新物价值与年代价值间的矛盾不可调和,无论天主教还是新教都是以"恭顺地接受全能上帝的意志,而人类不可试图加以反对为原则"[3]。经过深入分析,我们会发现教会其实并不关注宗教文物的新旧问题,他们本质上关注的是崇拜对象所表达的观念或风格,而不是单个宗教艺术品的形态或色彩。因此,宗教艺术品的历史价值便有了可以存在的理由。相反,人们长期对于圣像的崇拜所形成的纪念价值便有可能成为妥协的条件,而圣像、圣物、圣地所形成的历史价值也会增加人们对这一区域的好感("有教养的城区教民更容易对宗教文物的年代价值更为敏感")。也就是说,在艺术价值不受损失的情况下,宗教文物仍可以具有(保护其)年代价值。同样,李格尔对基督教艺术中存在的价值观念的分析与人们对佛教艺术中的新物价值的赞赏有某种相似性。

---

[1]　陈平.李格尔与艺术科学[M].杭州:中国美术学院出版社,2002:346.

[2]　陈平.李格尔与艺术科学[M].杭州:中国美术学院出版社,2002:347.

[3]　陈平.李格尔与艺术科学[M].杭州:中国美术学院出版社,2002:347.

我们也可以把宗教图像(基督或佛教造像)的价值归为艺术价值,但在现代遗产概念产生之前,或者说从当下信众信仰崇拜对象的角度来看,这些宗教艺术品所具有的其实是使用价值。对仍具有使用功能的宗教艺术品来说,如果能长久而妥善地保持使用功能,便可化解年代价值与使用价值之间的矛盾。[1]

总体来说,李格尔认为宗教文物的价值包括使用价值、艺术价值、历史价值和年代价值。李格尔应是最早对宗教文物的价值进行比较全面分析的学者之一。

另外,如前文中所讨论的文物古迹价值概念的扩展,以及"场所"概念的提出,现在保护理论对文化遗产非物质层面的价值分析更为细致。美国当代文物古迹保护专家兰道尔·梅森(Randall Mason)在其论文 Assessing Values in Conservation Planning: Methodological Issues and Choices[2](常翻译为《保护规划中的价值评估:方法论问题与选择》)中,列出了他对遗产价值的理解。与李格尔不同,梅森所假定的遗产价值类型包含了两个大的方面:社会文化价值与经济价值。暂且抛开经济价值不谈,其社会文化价值分别包含了历史、文化/象征、社会、精神/宗教、美学等价值内容。历史价值和美学价值是自始至终都存在于文化体系中的重要价值,而文化/象征价值、社会价值和精神/宗教价值则是在非物质层面价值认识的基础上形成的价值类型。其中,梅森将精神/宗教价值一并列出,并给予了重视。梅森指出:"有时遗产地与宗教或者其他神圣意义相关联或者受到后者浸染,而有组织的宗教教义和教化可以孕育出精神价值,但是它们也可以激发到访游客

---

[1] 卢永毅.建筑理论的多维视野[M].北京:中国建筑工业出版社,2009:280.

[2] DE LA TORRE M. Assessing the values of cultural heritage research report[M]. Los Angeles: The Getty Conservation Institute,2002:9-10.

的惊奇、敬畏等非宗教性经验”[1]。

而在国际文化遗产保护实践领域更加开阔、保护观念不断趋向整体认识、文化遗产价值认识更加多样的趋势下,这一观点也体现在具体的指导性文件中,如《巴拉宪章》《西安宣言》等。2015年,《中国文物古迹保护准则》的修订是对文化遗产价值认识和保护理论发展的回应。修订版的《中国文物古迹保护准则》中增加了社会价值和文化价值:

“社会价值和文化价值不仅是大量文物自身具备的价值;同时社会价值还体现了文物在文化知识和精神传承、社会凝聚力产生等方面所具有的社会效益,文化价值还体现了文化多样性的特征和与非物质文化遗产的密切联系。社会价值和文化价值进一步丰富了中国文化遗产的价值构成和内涵,对于构建以价值保护为核心的中国文化遗产保护理论体系,将产生积极的推动作用。”[2]

具体来说,“社会价值是指文物古迹在知识的记录和传播、文化精神的传承、社会凝聚力的产生等方面所具有的社会效益和价值;文化价值则主要指以下三个方面的价值:1.文物古迹因其体现民族文化、地区文化、宗教文化的多样性特征所具有的价值;2.文物古迹的自然、景观、环境等要素因被赋予了文化内涵所具有的价值;3.与文物古迹相关的非物质文化遗产所具有的价值。”[3]

2015年《中国文物古迹保护准则》的修订,为我国文化遗产保护实

---

[1] MASON R. Assessing values in conservation planning: methodological issues and choices [M]//DE LA TORRE M. Assessing the values of cultural heritage research report. Los Angeles: The Getty Conservation Institute,2002:12.

[2] 《中国文物古迹保护准则》(2015)[EB/OL].[2021-10-11].国际古迹遗址理事会西安国际保护中心网站.

[3] 《中国文物古迹保护准则》(2015)[EB/OL].[2021-10-11].国际古迹遗址理事会西安国际保护中心网站.

践中更全面地认识和保护文物古迹(包括宗教遗产)物质和非物质层面的价值提供了一个最直接的依据标准。

第三节　作为宗教遗产的宝顶山

在近八百年的存在过程中,宝顶山长期作为大足及周边地区的信仰中心发挥了重要的宗教和社会功能。尽管在不同历史阶段,由于使用者、管理者身份的变化,其所表现出的主要价值和使用方式存在着一定的差异,但是其作为进香圣地的功能得到了较好的延续。同时其所属的宗教团体,即临济宗僧人一直对宝顶山的寺院和石刻进行管理与维护,其中圣寿寺被视为"临济宗元亮一脉祖庭",在佛教领域具有较高的地位。20世纪80年代,中国佛教协会会长赵朴初到访宝顶时也说"圣寿寺是大丛林"。尽管在50年代至80年代初,宝顶香会被官方一再限制、禁止,但80年代初恢复开放之后,未经统一组织,架香、进香等活动就立刻复苏。这也说明圣地一旦形成,只要其显圣物持续存在、信仰群体持续存在,那么圣地的地位和朝圣活动便会具有一定的稳定性,当干扰因素减少或消失后,朝圣活动就会很快得以恢复。可以肯定的是"宝顶山"作为历史上形成的观音信仰圣地,自明代形成以来,宝顶山的宗教身份和功能一直持续存在,圣寿寺临济宗僧人也一直对宝顶山石刻的使用和管理发挥着积极的作用,宝顶山一直保持着良好的延续性和完整性,显示出了突出的宗教遗产价值,即兼具宗教层面的活态非物质价值和不可移动的古迹遗址的多重价值。

而当前宝顶山的问题在于:一方面,作为神圣性显现物的宝顶山石刻成为文化遗产后,其原有功能,即其根本、基础的功能逐渐褪去,使它实际上沦为了仅关注物质实体价值的文物,石刻如同在室外博物馆中长期展陈的展品一般,突出展示其历史、艺术乃至一定的科学价值。另一方面,香会节和架香仪式在成为非物质文化遗产的过程中实际上失去了其原本的文化空间。这就将原本完整、一体的文化遗产分成了若干"文化的碎片":一件"历史展品"、一件记录在册的"民俗形式"和剩下的"民间信仰"。"历史展品"失去了支撑它历经数百年仍被完好保存的根本动力,即其存在的精神内涵;"民俗形式"虽保存了仪式的程序和存在方式,但其文化场所和文化内容都发生了变化。在文化遗产概念下,"历史展品"和"民俗形式"都在一定程度上与原本的精神信仰相分离。而与保护、研究上的价值分离情况相矛盾的是,千手观音造像的修复,以及国际旅游节的打造,都强调了宝顶山石刻的宗教信仰价值,并在此基础上论证相应措施的合理性。

实际上,各种文化的发展和传承在历史上都伴随着变化与适应的过程,只不过,20世纪以来,随着经济、科技与全球化的高速发展,变化的脚步更快了。在外部环境和内部因素的多重影响下,宗教遗产的保护与传承面临着更多的挑战。例如,2014年,在"丝绸之路"申遗期间,西安兴教寺被要求限期拆除大量现代建造的功能性建筑,该事件引起了国内宗教领域和文物保护领域的讨论。为了将兴教寺内保存的三座唐代石塔作为遗产点申报"丝绸之路",专家建议将兴教寺的兴慈楼、方丈楼、斋堂、僧舍等建筑拆除,以保证文物的真实性和完整性。可以看出,在专家们的认识中,三座唐代石塔是历史文物,需要保护;而兴教寺经过历代重建,许多主体建筑都是新建成的,没有文物价值。从历史价值的角度来看,两者间的差距极大,因此石塔和兴教寺是完全不同的对象。我国文化遗产保护更侧重于物质的保护,而忽略其非物质价值,这种方式一方面受到传统文物概念下对其价值认知的影响,另一方面也说明我们对国际文化遗产保护理念的了解具有一定的局限性和滞后性。这也证明了世界文化遗产保护领域强调宗教遗产的意义。即我们必须要认识到宗教类文物的产生、保护和传承,是不能脱离其宗教文化环境的。一方面,兴教寺的存在和其突出的宗教价值是玄奘、窥基、圆测三塔在此处修建的前提,而后兴教寺虽多次遭难但仍能立刻重建,也在一定程度上得益于三座石塔的加持。僧人、寺庙、石塔,三者间的关系远远超过了建筑材料年份的限制。这正是一处具有活态遗产特征的宗教文化遗产,对它的保护自然也要从物质与非物质、文化与精神多个角度进行考量,也应尊重利益相关者的意愿。在僧人们的坚持下,以及在社会各界的关注下,政府与专家学者研究后撤销了兴教寺限期拆除的要求,兴教寺塔也顺利成为"丝绸之路"上的遗产点。兴教寺事件的顺利解决也让我们看到了宗教遗产保护的良好前景。

而在宝顶山石刻与香会节以及圣寿寺的案例上,虽未涉及功能性建筑的拆除和更新问题,但其问题实则更为关键,是宗教遗产在认识、使用和管理等各方面普遍存在的问题,这是决定其遗产性质和保护方法的根本性问题。基于上述的分析和案例讨论,宝顶山的各类遗产项目只有在宗教遗产的概念下进行认识,才有可能解决宝顶山作为文化遗产的尴尬境遇。

因此,接下来笔者尝试从宗教遗产的角度认识和分析宝顶山文化遗产的价值构成。根据国际古迹遗址理事会对"宗教遗产和圣地"的阐释,笔者将参考《中国文物古迹保护准则》(2015版)中对价值构成的最新解读。那么,宝顶山石刻相关的文化遗产,至少应该包括以下五个方面的价值。

（一）历史价值

历史价值是几乎所有文物古迹类型都具备的基础价值。宝顶山石刻的历史价值包括两个方面:一方面,宝顶山石刻建造于南宋时期,是南宋宗教、文化、艺术的物质体现,也是保存至今的我国南宋时期石刻造像的杰出代表。宝顶山石刻还反映了南宋时期西南地区与北方及中原文化艺术的交流和传承情况。另一方面,自宝顶山石刻建造开始,直至今日,它经历了超过八百年的时光打磨。每经王朝更替,宝顶山的修建都会作为地方的重要举措,以吸引流民安顿、古人返乡,在重建地方安宁、恢复生产发展等方面发挥了重要作用。经历了南宋、元、明、清、民国和新中国的发展,宝顶山石刻的身份和功能也在历史过程中发生了多次转变,由初期少数人经营的密教宗教道场,到临济宗元亮一脉祖庭,到朝山进香供奉千手观音的圣地,再到宋代雕塑艺术、国家级重点文物保护单位乃至世界文化遗产的身份。它所积累的岁月痕迹,丰富的身份定义和在整个历史过程中所经历的扩建、修缮等其他干预,共同构成了它丰富的文献价值。当然,随着新资料的挖掘和历史研究的推进,宝顶山石刻的历史价值将会得到进一步的阐释。

（二）艺术价值

宝顶山石刻造像被现代学者、艺术史家等视为南宋雕塑艺术的高峰,改变了曾经有关中国传统雕塑"唐盛宋衰"的观点。宝顶山石刻布局精妙、题材广泛、人物形象极其丰富,尤其在世俗人物的表现上采用写实的风格,展现了南宋时期的民间生活和形象。宝顶山石刻的题材和风格既保留了唐代佛教艺术的痕迹,又形成了自己富有特色的风格和工艺,其艺术构思和表现效果都堪称经典,具有极高的审美价值,甚至对当代艺术的创作和设计也产生了深远的影响。

（三）科学价值

宝顶山石刻也是古代匠人的智慧结晶。其营造技术和岩体导水方法十分科学,改善了原本岩体含水量大,容易侵蚀、风化的情况。地方传统雕刻工艺、髹漆贴金工艺等技术对保护、修复宝顶山石刻造像仍具有重要的参考价值。

（四）社会价值

不论是历史上还是在当下的社会生活中,宝顶山石刻、圣寿寺和宝顶山香会节都是当地居民及周边居民精神生活不可或缺的重要组成部分。其神圣优美的景观、延续数百年的习俗和信仰,在当地文化的塑造和传承上扮演着不可替代的重要角色。今天,被重新定义的宝顶山文化遗产,仍然在一定程度上促进了地方文化的复兴、地方旅游业和社会经济的发展,对大足区乃至重庆市的第三产业、城市形象等总体发展都起到了积极的作用。

(五)文化价值

宝顶山石刻和宝顶山香会节都是大足地区具有自身特色的宗教文化的重要体现。第一,它们是极具地方特色的柳本尊、赵智凤的密宗瑜伽教信仰在南宋大足的面貌的记录和表现;第二,它们还是宋代以来佛教本土化、儒释道三教融合发展趋势的反映;第三,宝顶山石刻在佛教禅宗一脉接管圣寿寺和宝顶山后,对促进禅宗思想的传播发挥着重要作用。此外,明代以后这里逐渐形成了以千手观音为主的观音信仰和相关宗教活动。这不仅是对大足及周边地区居民极重要的信仰活动,也是中国观音信仰在西南地区的典型表现。与此同时,在相当长的历史时期,圣寿寺、宝顶山石刻、宝顶山香会节,三者间是长期共存、彼此支撑的关系,三者共同影响了川渝地区宗教文化的传承发展,以信仰的方式促进着大足与周边地区的交流往来,也形成了具有地方特色的工艺产品、民俗节庆和相关实践活动。

在宗教遗产体系下,宝顶山石刻价值内涵具体表现在圣寿寺的历史价值和宗教价值上,包括其建造历史、传承过程,临济宗的信仰传统,民间香会的进香仪式、内容和场所,以及它在当地和周边地区的影响等精神价值在内的综合价值。在数百年的传承和发展过程中,宝顶山石刻经历了各类困难和阻碍,但这些价值因素仍得到了较好保护与传承,直至今天仍然发挥着一定的宗教功能,影响着当地和周边地区信众的生活方式。正是这种活态的文化造就了宝顶山的圣地身份,并保存了极具艺术价值、历史价值、科学价值的造像群和活态的民间信仰文化空间。因此,作为宗教遗产的宝顶山文化遗产,也对其保护修复、展示利用的方法原则提出了更高、更具体的要求。

第四节　宗教文化遗产的阐释和展示

一、文化遗产阐释与展示的国际认识

文化遗产的保护不仅是为了使文物古迹的物质实体保持长久稳定的状态,而且是为了使它能够以良好的物质、非物质价值,对人的思想、精神产生持续有益的影响。因此,在强调文物古迹保护和管理的同时,其展示和利用方式也是国际领域重视的问题。1931年《雅典宪章》和1964年《威尼斯宪章》中都有提及文物古迹的展示。如《威尼斯宪章》第十五条规定:"必须采取一切方法促进对古迹的了解,使它得以再现而不曲解其意。"1990年国际古迹遗址理事会第九届全体大会在洛桑通过的《考古遗产保护与管理宪章》第七条"展出、信息资料、重建"规定:"向民众展出考古遗产是促进了解现代社会起源和发展的至关重要的方法。同时,它也是促进了解对其进行保护需要的最重要的方法。展出和信息资料应被看作是对当前知识状况的通俗解释,因此,必须经常予以修改。"

随着社会经济的发展,文化遗产的展示利用与旅游业的关系愈加紧密,这种结合虽大大促进了文化遗产的交流宣传和地方经济的发展,但过度的开发也对其保护带来负面影响。1999年10月,国际古迹遗址理事会在墨西哥通过了《国际文化旅游宪章》即"重要文化古迹遗址旅游管理原则和指南"。该宪章指出旅游作为一种文化交流的方式,可以使游客获得不同社会文化环境中的体验。"文化遗产被视为日常生活、社会进步和变化的一个生动的参照点。它是社会资产的一个主要来源,并且是对多样性和社区特征的阐述。"同时,由文化资源而产生的经济效益则可作为推动当地经济发展的有效手段。该宪章"强调了东道主社区的文化个性和文化遗迹与国内外游客的兴趣、期望和

行为之间的关系"，其主要目的在于"修改过的宪章采用了一种合作的方式，来协调保护组织和旅游业的关系，避免传统上保护工作中可能发生的紧张局面……不是将旅游简单地视为被迫容忍的业务"。[1]

正如该宪章所言："旅游本身已经成为一个日益复杂的现象，纵横政治、经济、生物物理、生态和美学的各个领域。旅游者的期望和东道主社区的期望之间可能会产生冲突，要实现两者之间有价值的相互影响，面临许多挑战，也会产生许多机遇。"[2]

在旅游经济的刺激下，地方管理部门也开始建设大量旅游服务设施，甚至一度出现了"造景"的行为，严重破坏并改变了原有遗产地的历史面貌。旅游热的兴起也掀起了非物质文化遗产展示的热潮。甚至在某些当地政府的大力策划与参与下，传统的民俗活动、宗教信仰、祭拜仪式再次"复活"，更有地方创造性地制作"传统节庆""传统工艺"，实际上这些或真或假的非物质文化遗产都是旅游经济刺激下的"表演活动"。这种利用方式严重影响了非物质文化遗产的"真实性"，因此新宪章中也明确表示"过度的或没有妥善管理的旅游和与旅游相关的发展可能威胁到它们的有形本质、真实性和重要特征。东道主社区的生态、文化和生活方式以及旅游者在其地的经历也可能被降格"[3]。

2008年10月4日国际古迹遗址理事会第十六届大会通过《文化遗产阐释与展示宪章》，将文化遗产以往以"旅游"为主的使用方式放在更加宏观的"阐释与展示"视野下进行讨论。该宪章在篇首提出："在众多保存下来的物质遗存和昔日社会与文明的无形价值的广阔范围

[1]　联合国教科文组织世界遗产中心，国际古迹遗址理事会，国际文物保护与修复研究中心，等.国际文化遗产保护文件选编[M].北京：文物出版社，2007：176.

[2]　联合国教科文组织世界遗产中心，国际古迹遗址理事会，国际文物保护与修复研究中心，等.国际文化遗产保护文件选编[M].北京：文物出版社，2007：176.

[3]　联合国教科文组织世界遗产中心，国际古迹遗址理事会，国际文物保护与修复研究中心，等.国际文化遗产保护文件选编[M].北京：文物出版社，2007：176.

中,选择保护什么、如何保护以及如何向公众展示,这些都是遗产阐释的要素。这些要素体现了各代人对什么是有意义的、什么是重要的,以及为什么要将过去的物质遗存传承于后世等方面的不同见解。"该宪章对"阐释"与"展示"给了明确的定义和相关标准。

阐释:指一切可能的、旨在提高公众意识、增进公众对文化遗产地理解的活动。这些可包含印刷品和电子出版物、公共讲座、现场及场外设施、教育项目、社区活动,以及对阐释过程本身的持续研究、培训和评估。

展示:尤其指在文化遗产地通过对阐释信息的安排、直接的接触,以及展示设施等有计划地传播阐释内容。可通过各种技术手段传达信息,包括(但不限于)信息板、博物馆展览、精心设计的游览路线、讲座和参观讲解、多媒体应用和网站等。

该宪章对阐释与展示的具体内容、方式、信息源、文脉和背景环境也进行了细致、具体的解释和规定。例如提出"阐释应当探究遗产地在其历史、政治、精神和艺术等多层面发展脉络中的意义。应考虑遗产地文化、社会和环境等所有方面的意义和价值。……遗产阐释也应当考虑到对遗产地历史和文化重要性有贡献的所有群体。"在真实性、完整性原则被不断讨论、挖掘的过程中,文化遗产丰富、多样的价值梳理和展示成为文化遗产保护传承的重要基础。同时,这些价值也应成为文化遗产阐释与展示的重要内容,并且保障其向未来真实、完整地传承下去。除此之外,对利益相关群体诉求的考虑和尊重,也为文化遗产的真实保护传承提供了重要的思路。

二、宝顶山石刻的阐释与展示问题和建议

宝顶山石刻作为我国重要的文物古迹,其造像的研究、宣传在中华人民共和国成立初期已经逐步开展起来,对大足石刻(包括宝顶山石刻)的价值展示伴随着其身份的转变而采取了不同的措施。1953年,当时的文管所接管了宝顶山圣寿寺,佛湾周边区域被定为公地,划

出保护范围。此后至"文化大革命"期间,在文管所组织下,石刻区开始修缮工作,这期间民众和宗教人士在文物保护区仍有活动。1976年12月,大足县文物保管所建制得以恢复,石刻区也逐渐恢复开放。1980年,大足石刻宝顶旅游点服务部开业。1991年,千手观音堂被辟为"园中园"单列售票参观,次年取消。[1]1993年,大足石刻申报列入《世界遗产名录》工作正式启动,1999年,大足石刻申遗成功。在成为世界文化遗产后,大足石刻成为众多游客的目的地,带来了巨大的经济效益,当地政府对宝顶山石刻的关注和投入开始大幅提升,这也加速了宝顶山石刻景区的变化。2007年5月,重庆大足石刻景区经原国家旅游局正式批准为国家5A级旅游景区,是重庆市最早的一批5A级景区。可见,申遗初期的环境整治、改造对宝顶山基础设施的建设、环境质量的提高,以及旅游体验的提升起到了积极的作用。"文化遗产"概念提出的目的之一便是使更多的个体和群体了解优秀的文化遗产,旅游正是宣传和认识文化遗产的重要途径,同时地方经济收益的增加,也能带动更多的资源和力量投入保护文化遗产的事业中。然而,文化遗产保护与旅游开发的主次关系是不能颠倒的,旅游及配套设施的过度建设,出入口的重新设置、新的道路规划、景区范围的扩建和封闭等等,往往会给游客体验、认知文化遗产的价值造成障碍。

在筹备申遗期间,环境整治主要是道路建设、环境治理,新建一处2000平方米的宝顶山石刻景区游客服务中心,重点保护区外新建的"宝顶新镇"。整体来说,景区面积在原有基础上的扩建范围不大。但在国内旅游产业飞速发展、游客量逐年增加的环境下,宝顶山石刻作为大足石刻最具代表性的景区,也将景区的扩建和商业设施的建设提上了日程。2010年,首届中国重庆大足石刻国际旅游文化节开幕。2011年10月,大足宝顶山景区提档升级工程开工建设,工程总投资6.8亿元,主要包括改造建设大足石刻博物馆,新建孔雀园至大佛湾景

---

[1]　文管所和宗教界在圣寿寺所属权上的分歧和矛盾从20世纪80年代开始,直至90年代中期才得到基本解决。

观礼佛甬道、金刚舍利塔、桥梁、入口大门及游客服务中心、停车场、景区商业用房、牌坊、经幢等。新建的各类设施建筑面积达10万平方米,建成后核心区面积由现有的230亩扩大到1100亩,比现有景区范围扩大5倍。[1]

2013年,新景区基本建设完成,游客至新景区入口下车后要步行/乘坐景区电瓶车经过全长5.7千米的宝棠大道才能到达宝顶山石刻区。路线途中要经过新建的大足石刻博物馆和通向广大寺的支路。总的来说,在景区下车到购票,再步行到宝顶山石刻入口,需要60分钟左右的时间,而进入大佛湾后参观时间(听讲解的情况下)则不到30分钟即结束。讲解完毕后,一般讲解员会建议前往圣寿寺参观及回到进入景区途中的博物馆参观。参观圣寿寺需要30分钟,参观博物馆则需要50分钟左右。即,现在的景区设计路线为入口—售票处—博物馆/广大寺—大佛湾—圣寿寺—博物馆—出口。图4-2和图4-3为景区提档前后宝顶山石刻景区的范围和路线。

图4-2 景区提档前宝顶山石刻景区的范围和路线(大足石刻研究院供图)

---

[1] 李佳霖.重庆大足石刻景区将扩大五倍 存石刻造像70多处[N].中国文化报,2014-04-03(8).

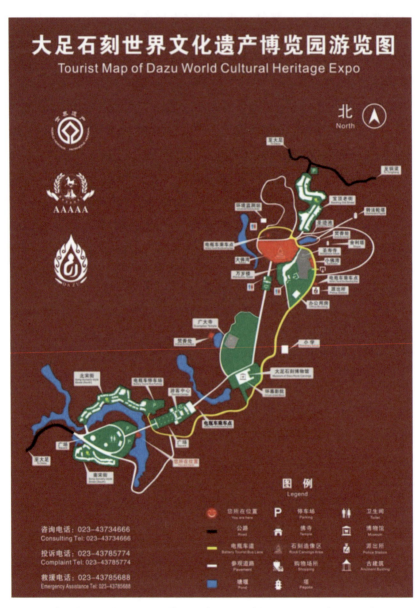

图4-3　景区提档后宝顶山石刻景区的范围和路线(大足石刻研究院供图)

但是,香会节期间,架香队伍仍要使用20世纪90年代修建的道路,原因有二:一是因为这条道路可以满足信众从高观音处启香的需要;二是因为这条道路目前属于当地村民的生活道路,不收取费用,且可直接到达圣寿寺。在香会节当天,烧香散客大多也是在景区售票入口前观看"演出"之后,沿与村民用路的平行道路直接前往圣寿寺。只有香会节当天开幕式,寺庙组织的引香队伍(并不是真正意义上的架香队伍)会进入大佛湾巡游,其间会在千手大悲宝阁祈福,后直接回到圣寿寺,在大佛湾没有其他互动。

姑且不讨论这种景区开发的真实性问题,仅从实用功能来看,对日常参观的游客来说,新的参观线路拉长了由入口至佛湾入口的距离,大大增加了体力和时间的消耗。加之宝棠大道路线指示不清,没有其他景观(前往广大寺的游客极少,只有在香会节期间才有香客前往此处烧香。且由于广大寺保存状况较差,所以并未正式对外开放),这段道路形成的体验感普遍不佳。而对香会节期间的香客而言,新建的景区和路线实际没有对其进香活动产生较多积极影响,甚至可以说并没有产生任何影响。另外,当地村民用路到圣寿寺山门的一段路,路边搭建的餐饮或纪念品销售摊点也与提档后的高端整体环境显得格格不入。大足石刻作为世界文化遗产地,其旅游发展规划还在进一步扩展中。2013年8月,大足石刻世界文化遗产旅游开发区管理委员会委托上海同济城市规划设计研究院承担《大足石刻世界文化遗产旅游开发区旅游概念规划》方案编制。据大足石刻景区提档升级项目办公室相关负责人介绍,项目建设前的景区存在诸多问题,包括封闭管理的核心区太小,宝顶山石刻群的宏大气势难以充分展现;景区内存在的大量现代建筑,严重影响了景区环境风貌以及配套服务设施不完善、档次不高等。

"大足石刻世界文化遗产旅游开发规划期限为2014—2030年,共规划有68个项目景点。先期2014年至2015年,启动37个项目景点的建设,包括海棠香国历史文化风情城、东南亚"泰欢乐"主题乐园、大足石刻旅游集散中心、南北山文化长廊等一批项目景点,并在此基础上延伸旅游服务产业链,打造连接南山北山、贯穿大足城区的生态复合旅游带。中期2016年至2020年,启动20个项目景点的建设,2021年至2030年启动最后11个项目景点建设。"[1]

可以看出,大足石刻的阐释与展示仍是在将其作为"旅游资源"的认识上进行的不断扩张式的开发,而对遗产地自身的价值认识并不深入,也未对遗产地相关"贡献者",以及各类使用者的需求进行深入的分析和考虑。既然宝顶山石刻作为一件非常珍贵的文化遗产,它同时具有极高的历史价值、艺术价值、科学价值,以及重要的宗教价值和社会价值,那么对它的展示和使用也应该与其价值相对应。也就是说,对宝顶山石刻遗产的展示和使用应该能够让人们比较清晰地感受到这些价值的存在。前文已经对宝顶山石刻的整个历史发展、身份转变过程进行了系统的梳理,所以,使宝顶山石刻具有更好的阐释与展示效果的发展规划应该是在对其价值进行深入认识基础上制订的具有针对性的方案。

在本书成稿期间,大足石刻又有一个新游客中心竣工,并于2022年7月投入使用。根据相关报道,新游客中心位于宝顶镇政府东侧化龙渡槽处,占地面积约433亩,主体建筑面积约1.6万平方米,内设置旅游综合服务区、接待大厅及公共服务空间、数字影院、文化展示区、文化交流区、配套功能区等,包括6000平方米的主题广场、近3万平方米的集散广场、室外生态停车场、车辆转运场及2700米的游客步行道(图4-4)。如此,景区在2013年的基础上又延伸了近3000米的范围,而石刻区所占比例变得更少。景区的再次扩建、景区内交通的增多、广场的建设、对原有公路交通的管制等会对这处世界文化遗产的展示和阐释带来怎样的影响,是值得关注和讨论的问题。

---

[1]　大足石刻世界文化遗产旅游开发区旅游概念规划[EB/OL].[2019-01-26].重庆市大足区人民政府官网.

图4-4　2022年再提档后宝顶山石刻景区的范围和路线（大足石刻研究院供图）

2008年《文化遗产阐释与展示宪章》中提到应关注遗产地的相关贡献者。2010年联合国教科文组织文化遗产和睦年介绍中指出"宗教遗产"的利益相关者应该包括所有宗教团体与信众、本地居民、政府机构,以及相关专业的专家学者、管理者、赞助者和其他利益团体。对这几类利益相关者的关注,反映出来的正应是对以下几类遗产地使用者需求和利益的关注。第一类,即游客,这是数量最多的一类使用者,但是停留时间也是最短的。第二类,即专业研究者,可能是艺术类、宗教类、历史类等等的研究者。他们在遗产地的停留时间相对较长,对其认识需求更多。第三类,即信众与当地居民,他们与遗产地的关系最为密切,且两者间会相互影响。信众和居民的使用方式和认知观念的变化会影响文化遗产地的保存、传承情况,反之,文化遗产的身份、状态的变化也将影响信众和当地居民的生活。因此,遗产地的阐释与展示也应将这三类使用者的相关需求纳入规划、设计的考虑范围。

首先,目前宝顶山石刻的展示还主要表现为将其作为"艺术品"进行展示的阶段。这种展示及讲解服务基本可以满足普通游客的旅游需求。而关于宝顶山石刻各个历史时期的情况,以及当地的宗教民俗文化情况的展示很少;对香会节的研究,以及香会节期间大佛湾使用方式的研究亟待开展。

以研究为基础,尊重其文化价值、精神价值的完整性;增加宗教人士在宝顶山的使用、保护和展示中的参与度;"向公众进行文化遗产地阐释应当清晰地指出遗产地发展演变过程中经历的各个阶段和影响,并注明时间。应尊重各个时期在遗产地价值形成中作出的贡献"。只有这样,宝顶山石刻的文化遗产才能得到更好的认知与传播,才能更好地被保护与传承。

其次,就目前宝顶山石刻的建设速度和规模来看,控制旅游开发的过度和泛化也是需要关注的问题。"阐释与展示应广泛地为保护、教育和文化目标服务。阐释性项目的成功与否不应单纯地以游客人数和旅游收入来衡量。"一方面，一味扩大景区范围，并不能改变宝顶山石刻核心景区空间狭小的现实，这是其场所特点。成倍增长的无意义空间和距离，对减少核心景区的参观人数的作用较小，反而会增加游客的体力消耗和对遗产的理解难度。旅游开发应该以文化遗产地的承受力为基础，以阐释与展示文化遗产的综合价值为目的，为游客提供更好的旅游体验。忽视文化遗产地承受力、追求旅游收入的过度开发，不仅会造成资源的浪费，还难免起到适得其反的效果。例如，丽江古城旅游开发过度而造成世界文化遗产地自身特色丧失、价值受到损害，若不予反思和整改，我们将很快失去这处令世人羡慕的文化遗产。这是我国文化遗产阐释、展示和旅游发展中的沉痛教训，我们应时时保持警醒。

政府相关部门和专业文物保护机构是文化遗产保护的关键力量，因此，更应清晰地理解文化遗产保护的核心原则和根本目的，应该关注文化遗产保护的国际趋势和前沿理论，以促进我国文化遗产事业的发展。在面对具体的文化遗产时，政府和专业机构的监督与引导会影响保护实践的效果。政府和专业机构应该利用自己的权威性，不断深入和全面地挖掘文化遗产的价值及其展示方式的多样化，同时，应该严格地管理和控制旅游、商业开发活动，不能过度开展"景区建设"。如果设施建设不能为文化遗产的价值服务，那么越大的景区反而越会模糊乃至降低文化遗产自身的价值。

第五节　小结

随着旅游需求的不断增长，以及旅游业在经济社会发展中的推动作用逐步提升，文化遗产的"扩张"成为一种普遍趋势，而"建设""扩张"后的文化遗产是否比原先的更具吸引力，或者甚至有没有对文化遗产的价值造成负面影响，都是需要反思的问题。《国际文化旅游宪章》提到："自然和文化遗产是一个物质和精神的资源，提供了对历史发展的演述。它在现代生活中是一个重要的角色，并应该在有形的、知识的和/或感情的各方面向公众开放。我们应该建立保护这些遗产的计划，方便东道主社区和游客以平等和可负担的方式，去理解和领略遗产的重要性。这些计划应宣传保护这些遗产有形的品质、无形的方面、当代文化表现和广泛的应用环境。"文化遗产的旅游开发，应该同一般景区的旅游开发形成区别，应在真实性、可持续性的原则下，以研究为基础，以更好地阐释与展示文化遗产地的价值为目的，同时营造良好、方便、适宜的基础设施以满足到访者的基本需求。而服务对象既要考虑参观游客，也要考虑与遗产地息息相关的居民生活方式和使用方式的问题。尤其作为宗教遗产地，其文化空间的保护和信众的需求也应纳入宝顶山石刻的阐释与展示规划中。

结语
宝顶山文化遗产的认
识和保护

综上所述,我国的文化遗产资源中相当一部分文物、文化遗产是具有精神价值或非物质性质的活态遗产。仅仅由于我们认识观念的转变,将其物质实体与非物质属性强制分离,被迫成为"死的"文物,尤其与宗教相关的文物多存在这种情况。这是文化遗产早期概念的认识局限性造成的。而随着实践领域的拓展和价值认识的深入,文化遗产的概念和内涵已经发生变化,我们需要及时地了解和反思,以实践研究成果来促进我国文化遗产的保护和传承。

宗教遗产类型的提出是活态文化遗产保护发展的重要标志。这类遗产以其突出的连续性、活态性和精神性在悠久的历史中形塑着人们的价值观、世界观,见证了朝代的兴衰和文化的发展。它在历史中形成,也在历史行进的过程中继承、发展或转变,从而形成当下所见的文化遗产现状。因此,试图了解文化遗产的价值构成,就必须研究其历史和演变。这是进行文化遗产价值分析和展示利用的前提与首要条件。这部分研究应被视为文化遗产保护的前期研究。

宝顶山作为西南地区文化遗产的典型代表,它的研究、保护与开发方式已经成为也将继续被视为西南地区的同类型文化遗产保护利用的发展目标和学习榜样。因此,分析梳理宝顶山的文化遗产类型、价值构成、保护现状和问题的反思等,具有重要的实际意义。

自20世纪40年代起,学界对以宝顶山为代表的大足石刻的研究十分丰富,但主要集中于宝顶山石刻建造时期的背景、条件、含义和功能等方面,而对南宋之后的使用情况,包括其身份构建、传承、转变情况的研究还很有限。

宝顶山石刻在南宋时期基本建造完成。作为一个由修行者组织、设计的宗教石刻,广大宝楼阁的造像选择、安排不可避免地受到当时宗教政策环境、时兴宗教思想的影响。所以,虽然从佛教宗派来说,赵智凤所传柳本尊法旨原属于密宗瑜伽教,但是他在造像中却安排了许多反映禅宗、"孝"思想乃至"忠君"题材的造像等等。在南宋时期,宝顶山作为道者赵智凤修行之所,关注点在于造像的营建、教义的传播。在当时特殊的历史环境下,赵智凤以"刻石追孝"为目的营建宝顶山,受到了官员的肯定和支持。而宝顶山石刻对佛教思想的表现,也使之具备了认识、阐释和使用上丰富的可能性。这一点是宝顶山成为千手观音圣地的重要因素。然而相比南宋时期的宝顶山来说,我们如今所继承的宝顶山文化遗产价值内涵则显得更加丰富,它对大足及周边地区的文化、历史的影响也更加深远。这些都是在历史长河中慢慢转变和积累的。

朝代的更迭催促着宝顶山中的变化。由于使用者和管理者的身份变化、民间信仰发展等的影响,明代之后,被重新开启的宝顶山逐渐显露出新的影响力,即作为观音圣地的身份和进香千手观音祈福的功能在这一时期也逐渐形成,并迅速发展起来。这一身份和功能对大足及周边地区的社会、文化历史产生了持久的影响,直至今天,仍然吸引着众多信众、香客前往宝顶,而使宝顶山得以名震川东、比肩峨眉的香会节,直至现在仍十分热闹。对这些无形价值的认同和传承不仅确保宝顶山石刻能得以妥善保存,也将促进地方文化进一步发展。

近代科学考察队的光顾,使宝顶山的价值和身份认知发生了前所未有的巨大转变。一方面,在"美术"和"雕塑"的现代概念下,学者对造像的认识角度产生了变化,其神圣性不再受到重视。加之对其文物身份的认定,石刻的历史价值和艺术价值得到了充分的认识,并且石刻的维护、保护、修复进入"科学修复"阶段,为遗产的物质保存提供了较好的保障。另一方面,宝顶山非物质的精神价值在之后30年左右的时间内一度被压抑,甚至丧失。即使在宝顶架香庙会成为非物质文化遗产之后,这种情况也没有得到有效的改善。原本密不可分的圣寿寺、宝顶山石刻、香会节在各自的保护称号和语境下,透露着难以掩饰的拘谨和尴尬,这使宝顶山的文化遗产价值受到了损害。

在整个历史过程中经历了多次身份转变,在不同的身份、功能背景下,宝顶山呈现出不同的价值及认识其价值的途径,这些共同构成了文化遗产的历史价值。对宝顶山石刻艺术的欣赏,将之作为南宋雕塑艺术高峰的审美活动和风格研究等,则是其艺术价值的体现。其文化价值和社会价值主要在于非物质层面的影响。宝顶山和延续了几百年的香会节,在当地文化的塑造和传承方面扮演着不可替代的重要角色,是当地居民及周边居民精神生活中不可或缺的重要组成部分。宝顶山及宝顶架香庙会都是大足地区具有自身特色的宗教文化的重要体现。

对文化遗产概念理解的局限性直接反映在了对宝顶山价值的认知和保护上。宝顶山是场所与精神、物质与非物质结合密切的一处宗教文化遗产。但在"文物化"和"文化遗产化"的过程中,其场所与精神发生了分离,物质部分与非物质部分也被强行割裂。虽然宝顶山石刻成为世界文化遗产后,其价值得到了最大范围的认可,之后,宝顶架香庙会成为国家级非物质文化遗产,这种具有地方特色的民俗活动也得到了关注,但实际上两者都发生了变化。宝顶山石刻失去了作为宗教崇拜、朝圣对象的精神价值。宝顶架香庙会失去了原本关键的宗教场所,其路线发生了改变,连唱诵的词文也被"规定"了下来。在传统上使用和保护宝顶山石刻的宗教团体目前在遗产地使用和管理上的参与性较小,这也会降低宝顶山文化遗产价值的真实性、整体性,从而对活态宗教文化遗产的可持续性保护造成一定的阻碍。

在文化遗产概念产生之后,我们对其价值内涵的理解一直在持续不断地深入过程中。随着国际领域对文物古迹的精神层面、非物质层面价值的关注,文化遗产的认识和保护不断向整体保护的方向转变。而宗教遗产概念的提出为我们所讨论的具有宗教信仰无形价值的文物古迹的认识和保护提供了一个更为合适的框架。《中国文物古迹保护准则》的修订,也为我们分析理解宗教遗产的多样性价值提供了重要的依据。通过前文的分析可知,宝顶山的文化遗产放在宗教遗产的结构内系统看待更为合适,其活态性、完整性的要求有可能使当下物质文化遗产与非物质文化遗产并存但分离的状态得到转变。

然而,不论是对文化遗产的前期研究,还是对其身份、价值认知的建立,都是为了将文化遗产更好地保护和展示给大众。这就要求管理者、策划者对上述内容有深入的理解,以满足观众的不同需求。同时,平衡文化遗产研究与旅游业发展之间的关系,是维护文化遗产尊严、提高文化遗产价值的关键因素。

最后,我们简单地回顾下宝顶山千手观音造像修复的问题。千手观音造像的修复理念中提及了宗教遗产的概念,关注到了与千手观音造像关系密切的香会节、观音信仰等因素。由于宝顶山石刻作为宗教文化场所的功能在宝顶山的整个历史中十分明确,而近代以来的展示、保护活动都忽视了这一层面,因此,将宗教遗产的概念放入修复理念中予以考虑,并体现在方案制订和修复操作上,是十分重要和珍贵的实践。这为探讨宗教遗产的保护方式提供了重要的实践经验。据大足当地机构统计,千手观音造像修复完成对外开放的第一个香会节当日吸引了超过30万人,可见千手观音造像在当地民众心中的重要性。然而,千手观音造像的修复走在了宝顶山石刻保护、阐释与展示的前面,在千手观音造像修复完成后,宝顶山石刻(以大佛湾为主)的使用和展示方式并没有因此产生何种变化。时代在不断发展,人们对文化遗产的认识和阐释也在不断转变。正如人们在艺术品里发现了历史价值、在文物里认识到了文化价值、在建筑中看到了环境的意义,活态宗教价值和社会价值的认识和保护将是宗教遗产保护的必然方向。

参考文献

著作:

[1] 黎方银.大足石刻[M].成都:四川人民出版社,1988.

[2] 重庆大足石刻艺术博物馆,重庆市社会科学院大足石刻艺术研究所.大足石刻铭文录[M].重庆:重庆出版社,1999.

[3] 陈明光.大足石刻档案(资料)[M].重庆:重庆出版社,2012.

[4] 郭相颖.大足石刻研究与欣赏[M].重庆:重庆出版社,2013.

[5] 闫孟祥.宋代佛教史[M].北京:人民出版社,2013.

[6] 杨倩描.南宋宗教史[M].北京:人民出版社,2008.

[7] 何孝荣,等.明朝宗教[M].南京:南京出版社,2013.

[8] 吕建福.中国密教史[M].北京:中国社会科学出版社,1995.

[9] 于君方.观音:菩萨中国化的演变[M].陈怀宇,姚崇新,林佩莹,译.北京:商务印书馆,2012.

[10] 陈金华,孙英刚.神圣空间:中古宗教中的空间因素[M].上海:复旦大学出版社,2014.

[11] 韩森.变迁之神:南宋时期的民间信仰[M].包伟民,译.上海:中西书局,2016.

[12] 大足石刻研究院.2014年大足学国际学术研讨会论文集[M].重庆:重庆出版社,2016.

[13] 陈尧天,陈典.民国重修大足县志(点校)[M].北京:大众文艺出版社,2008.

[14] 李传授,张划,宋朗秋.大足宝顶香会[M].北京:中国文联出版社,2005.

[15] 米尔恰·伊利亚德.神圣的存在:比较宗教的范型[M].晏可佳,姚

蓓琴,译.桂林:广西师范大学出版社,2008.

[16] 米尔恰·伊利亚德.神圣与世俗[M].王建光,译.北京:华夏出版社,2002.

[17] 埃米尔·迪尔凯姆.迪尔凯姆论宗教[M].周秋良,译.北京:华夏出版社,2000.

[18] 梁思成.佛像的历史[M].林洙,编.北京:中国青年出版社,2010.

[19] 柯林武德.历史的观念[M].何兆武,张文杰,译.北京:商务印书馆,1999.

[20] 陈平.李格尔与艺术科学[M].杭州:中国美术学院出版社,2002.

[21] 姚崇新.巴蜀佛教石窟造像初步研究:以川北地区为中心[M].北京:中华书局,2011.

[22] 孙庆忠.妙峰山:香会组织的传承与处境[M].北京:知识产权出版社,2011.

[23] 诺伯舒兹.场所精神:迈向建筑现象学[M].施植明,译.武汉:华中科技大学出版社,2010.

[24] 萨尔瓦多·穆尼奥斯·比尼亚斯.当代保护理论[M].张鹏,张怡欣,吴霄婧,译.上海:同济大学出版社,2012.

[25] 陈曦.建筑遗产保护思想的演变[M].上海:同济大学出版社,2016.

[26] 王文章.非物质文化遗产概论[M].修订版.北京:教育科学出版社,2013.

[27] 联合国教科文组织世界遗产中心,国际古迹遗址理事会,国际文物保护与修复研究中心,等.国际文化遗产保护文件选编[M].北京:文物出版社,2007.

[28] 马奔腾.文化遗产的保护与利用[M].北京:中国社会科学出版社,2014.

[29] HOWARD A F. Summit of treasures：buddhist cave art of Dazu，China[M]. Trumbull，CT：Weatherhill，2001.

[30] LOWENTHAL D. The past is a foreign country—revisited[M]. Cambridge：Cambridge University Press，2015.

文章：

[1] 陈灼.大足宝顶山石刻造像下限年代考[J].四川文物，1990(6)：44-45.

[2] 王玉冬.半身形像与社会变迁[M]//中山大学艺术史研究中心.艺术史研究·第6辑.广州：中山大学出版社，2004：5-70.

[3] 李哲良.我观大足石刻[J].重庆社会科学，1994(5)：63-67.

[4] 张划.宝顶石窟与傅大士禅学关系初探[C]//郑炳林，花平宁.麦积山石窟艺术文化论文集：下.兰州：兰州大学出版社，2002：412-430.

[5] 陈明光.《宋刻〈唐柳本尊传碑〉校补》文中"天福"纪年的考察与辨正：兼大足、安岳石刻柳本尊"十炼图"题记"天福"年号的由来探疑[J].世界宗教研究，2004(4)：22-28.

[6] 陈明光.初探大足石刻是宋史研究的实物史料宝库[J].社会科学研究，1994(2)：114-117.

[7] 宋朗秋，陈明光.试论宝顶山石窟造像的特点[J].四川文物，1986(S1)：42-45.

[8] 杨雄.大足宝顶鬈发人造像的佛教意义[J].重庆三峡学院学报，2015，31(1)：28-31.

[9] 王家祐.柳本尊与密教[J].宗教学研究，2001(2)：59-65.

[10] 潘桂明.宋代居士佛教初探[J].复旦学报(社会科学版)，1990，32(1)：53-60.

[11] 韩秉方.观世音信仰与妙善的传说：兼及我国最早一部宝卷《香山宝卷》的诞生[J].世界宗教研究，2004(2)：54-61.

［12］闫伟伟.大悲咒与唐宋小说研究［D］.上海：上海师范大学，2014.

［13］曾其海.南宋孝宗崇佛的史料、思想及影响［J］.台州学院学报，2003，25(4)：17-20.

［14］何艳红.南宋文化政策研究［D］.青岛：青岛大学，2011.

［15］罗莹.明代宗藩的宗教信仰研究［D］.重庆：西南大学，2014.

［16］韩书瑞，周福岩，吴效群.北京妙峰山的进香之旅：宗教组织与圣地［J］.民俗研究，2003(1)：75-107.

［17］李海荣.北京妙峰山香会组织变迁研究［D］.北京：首都师范大学，2005.

［18］孟昭锋.明清时期泰山神灵变迁与进香地理研究［D］.广州：暨南大学，2010.

［19］刘晓.泰山庙会研究［D］.济南：山东大学，2013.

［20］范志容.峨眉山香会研究［D］.西宁：青海师范大学，2011.

［21］李军.文化遗产保护与修复：理论模式的比较研究［J］.文艺研究，2006(2)：102-117.

［22］李军.什么是文化遗产？：对一个当代观念的知识考古［J］.文艺研究，2005(4)：123-131.

［23］李军.活的"文化"与死的"遗产"［C］//中国非物质文化遗产·民间剪纸国际学术研讨会.中国非物质文化遗产·民间剪纸国际学术研讨会论文集，2004：106-112.

［24］吴美萍.文化遗产的价值评估研究［D］.南京：东南大学，2006.

［25］吕舟.论遗产的价值取向与遗产保护［J］.城市与区域规划研究，2009(1)：44-56.

［26］吕舟.基于价值认识的世界遗产事业发展趋势［N］.中国文物报，2012-02-10.

［27］丛桂芹.价值构建与阐释：基于传播理念的文化遗产保护［D］.北

京:清华大学,2013.

[28] 王天祥.意义系统的生成与阐释:大足宝顶石窟造像分析[J].装饰,2006(4):24-25.

[29] 祭雪松.遗产功能与空间叙事:大足宝顶山石刻线路变迁研究[D].重庆:四川美术学院,2015.

[30] 古正美.大足佛教孝经经变的佛教源流[J].大理民族文化研究论丛,2012(1):375-422.

[31] 胡昭曦.大足宝顶石刻"孝"的教化[J].中华文化论坛,1995(3):55-60.

[32] 黄阳兴.中晚唐时期四川地区的密教信仰[J].宗教学研究,2008(1):107-112.

[33] 阎文儒.大足宝顶石窟[J].四川文物,1986(S1):14-30.

[34] 胡文和.大足、安岳宋代华严系统造像源流和宗教意义新探索:以大足宝顶毗卢道场和圆觉洞图像为例[J].敦煌研究,2009(4):47-54.

[35] 李小强.试论净土信仰与大足石刻的关系[J].佛学研究,2004(1):244-251.

[36] 邓启兵,黎方银,黄能迁,等.大足宝顶山石窟周边区域宋代造像考察研究[J].石窟寺研究,2015(1):76-115.

[37] 陈明光.大足宝顶山石窟研究[J].佛学研究,2000(0):258-277.

[38] 黄夏年.大足宝顶始祖元亮晓山考:大足刻《临济正宗记》碑研究[J].中华文化论坛,2005(4):106-113.

[39] 陈明光.大足临济宗始祖元亮与师至福考:探述大足临济宗派的弘传与衰落[J].佛学研究,2007(0):216-227.

[40] 陈明光.肃清十年"文革"流毒 重新落实保护措施:大足石刻在新中国保护述略之六[N].大足日报,2008-02-22(4).

[41] 吴银玲.葛兰言的"圣地"概念[J].西北民族研究,2012(2):

158-161.

[42] 鞠熙.圣地之"圣"何来:法国人类学研究空间神圣性的几个方向[J].世界宗教研究,2013(5):183-191.

[43] 黄心川.世界宗教圣地的形成、发展及其历史意义[J].世界宗教研究,1994(2):21-26.

[44] 圣凯.明清佛教"四大名山"信仰的形成[J].宗教学研究,2011(3):80-82.

[45] 吴承忠,杨永忠.论中国山岳崇拜观念的物化[J].江汉学术,1997(4):64-66.

[46] 李永斌.宋元明清时期汉地观音信仰在社会各阶层中的传播[D].西安:西北大学,2016.

[47] 乔梁,王乐乐.相关指代"文物"概念词汇的出现与变化试析[J].文物春秋,2011(2):3-7,10.

[48] 李晓东.民国时期的"古迹""古物"与"文物"概念评述[J].中国文物科学研究,2008(1):54-56.

[49] 樱井龍彦.应如何思考民间信仰与文化遗产的关系[J].陈爱国,译.文化遗产,2010(2):115-123.

[50] 郭璇.文化遗产展示的理念与方法初探[J].建筑学报,2009(9):69-73.

[51] 孙燕.文化遗产诠释与展示的国际理念和规范:从"适用于考古发掘"到"遗产地诠释与展示"[J].东南文化,2010(6):23-26.

[52] 周永博.文化遗产旅游景观意象结构性评价与信息化传播[D].南京:南京师范大学,2011.